国家出版基金项目
NATIONAL PUBLICATION FOUNDATION

东北流亡文学史料与研究丛书 · 研究卷

萧红五讲

季红真 著

北方联合出版传媒(集团)股份有限公司
春风文艺出版社
· 沈 阳 ·

主　　编　张福贵
研究卷主编　韩春燕

图书在版编目（CIP）数据

萧红五讲 / 季红真著．— 沈阳：春风文艺出版社，2021.12

（东北流亡文学史料与研究丛书）

ISBN 978 - 7 - 5313 - 6143 - 5

Ⅰ．①萧… Ⅱ．①季… Ⅲ．①萧红（1911–1942）— 人物研究 Ⅳ．①K825.6

中国版本图书馆 CIP 数据核字（2022）第 001185 号

北方联合出版传媒（集团）股份有限公司

春风文艺出版社出版发行

http://www.chunfengwenyi.com

沈阳市和平区十一纬路 25 号　邮编：110003

辽宁新华印务有限公司印刷

责任编辑：姚宏越　　责任校对：于文慧

封面设计：马寄萍　　幅面尺寸：155mm × 230mm

字　　数：179 千字　　印　　张：12.5

版　　次：2021 年 12 月第 1 版　　印　　次：2021 年 12 月第 1 次

书　　号：ISBN 978-7-5313-6143-5

定　　价：40.00 元

目　录

第一讲　萧红身世之谜

对于萧红身世的考证，以往最大的问题集中在她是否是张家的女儿。造成这一谜团的原因，最早来自她1933年对萧军的自述，以及1945年她的胞弟张秀珂对萧军自述的怀疑。萧军当年曾经以她的讲述为素材，虚构了小说《涓涓》，他在1981年黑龙江人民出版社再版《萧红书简注释录》时，将这一说法加了进去，由此引发了巨大的争议。

经过哈尔滨几代学人，特别是呼兰学人多年的调查，张家后人与萧红母系姜氏后人的回忆，这一谜团基本澄清，萧红就是张廷举与姜玉兰的头生女儿，而且是经过媒妁之言，父母之命，举行了正式的婚礼。这种说法来自萧红当时心理的症候，因为与家庭决裂，而且处于战争和法西斯统治的恐怖中，病痛、孤独使她已经接近精神分裂的边缘。所有青春期和父母关系紧张的女孩子，都可能会怀疑自己的身世，至于生父是贫农而被和母亲勾搭成奸的张姓地主害死，母亲带着她和弟弟嫁到张家的想象，则是以阶级论为核心的左翼意识形态致幻的结果，当时她生活在左翼文化人的圈子里，基本的意义空间决定了她想象的内容。本事则是在福昌号屯听来的别人故事[①]，在感同身受的情感体验中，混淆了真实与猜想的边界。《涓涓》中乱伦一节更是夸张的艺术虚构，即使出于萧红的自述，也是女孩子在极度幽闭的环

① 王化珏. 萧红生父张廷举其人其事［A］. 孙茂山. 萧红身世考［C］. 哈尔滨：哈尔滨出版社，2003。

境中，产生的性幻觉。张秀珂的怀疑主要是由于生母死时，他还年幼，继母又忙于生育、理家，从小没有得到母爱，加上家中佣工的挑唆，童年时就形成了寄人篱下的心理阴影。但他在1955年病逝之前，就推翻了自己的怀疑①。

由于这一说法引发的争议，不少学人在广泛调查的过程中，也获得了新的资料，对于萧红身世的其他问题也多有澄清。但是，由此也带来了新的疑难，在推翻旧的结论的同时，一些新的问题又涌现出来，仍然需要仔细考辨。目前尚待解决的几个重大谜团是生日、订婚时间与夫家情况，以及她与萧军孩子的下落。笔者根据对各种资料的综合分析，在尽可能还原历史文化氛围的前提下，对照萧红文本的自述，与虚构文本互读，特别是那些一再被强调的细节，将一些疑惑写在下面，以就教各地的萧红研究者。

一、生日禁忌：端午节的咒语!

关于萧红的生日，最早的说法是1911年6月1日。这一天是农历的端午节，东北乡间称之为五月节，因为民间有祭日出生的孩子不祥的说法，所以家里把她的生日向后推了一天。有学者由此得出结论，萧红一出生就受到旧文化的歧视，连真正的生日也不能公开②。

这一说法，最早被铁峰先生所推翻。他20世纪60年代初结识萧红父亲张廷举的老友、萧红称之为三姨父的于兴阁，确证是端午节后一天，在自己的《萧红传》中采纳了这一说法③。而且，于兴阁是在20世纪50年代末，张廷举到哈尔滨，两个人喝酒的时候，亲耳听他说的。这一说法，又得到了萧红少年密友、二伯父之女张秀珉的旁

① 张抗. 萧红身世释疑［A］. 孙茂山. 萧红身世考［C］. 哈尔滨：哈尔滨出版社，2003：17。

② 姜明德. 鲁迅与萧红［J］. 新文学史料，1979（3）。

③ 铁峰. 萧红传［M］. 哈尔滨：哈尔滨出版社，1993。

证，似乎已经铁证如山。张秀珉比萧红小三岁，曾经在呼兰张廷举家吃住三年，与萧红朝夕相处、一起上学，直到萧红离家到哈尔滨上学为止。据她隐约记得萧红是在端午节后过生日，具体哪天则不甚清楚[①]。这一说法，也引发了呼兰学人的质疑，根据他们对一些当地老人的调查，得出的结论是呼兰民间没有祭日出生孩子不祥的风俗信仰。

但是，萧红在《呼兰河传》第二章，以风俗画的方式展现了民间的信仰，其中，七月十五盂兰盆会、放河灯是精神壮举之一。萧红特意写道：

> 七月十五是个鬼节，死了的冤魂怨鬼，不得托生，缠绵在地狱里便是非常苦的，想托生，又找不着路。这一天若是每个鬼托着一个河灯，就可以托生。……所以放河灯这件事是件善举。……
>
> 但是这期间也有一个矛盾，就是七月十五这夜生的孩子，怕是都不大好，多半都是野鬼托着个莲花灯投生而来的。这个孩子长大了将不被父母所喜欢，长到结婚的年龄，男女两家必要先对过生日时辰，才能够结亲。若是女家生在七月十五，这女子就很难出嫁，必须改了生日，欺骗男家。若是男家七月十五的生日，也不大好，不过若是财产丰富的，也就没有多大关系……但在女子这方面可就万万不可：若是有钱寡妇的独养女，又当别论，因为娶了这姑娘可以有一份财产在那里晃来晃去，就是娶了而带不过财产来，先说那份妆奁也是不少的。假说女子就是一个恶鬼的化身，但那也不要紧。平常的人说："有钱能使鬼推磨。"[②]

① 王化珏．访萧红堂妹张秀珉老师［A］．孙茂山．萧红身世考［C］．哈尔滨：哈尔滨出版社，2003。

② 萧红．萧红全集（上卷）［M］．哈尔滨：哈尔滨出版社，1998：140–141。

七月十五的盂兰盆会也是道教的祭祀祖先与鬼神的节日，和清明、端午、十月十五下元节并称四大鬼节。其中，清明和十月十五是家祭，一个是扫墓、供奉食物以飨祖先与亡灵；一个只烧纸，或者是烧纸质的衣物，有些地区则用纸包着烧，名曰烧包子，都体现着送寒衣的象征意义。而端午和七月十五中元节（盂兰盆会）则是公祭，前者是祭奠公众人物，后者是纪念那些无家可归、无人奉飨的孤魂野鬼，故有放河灯的仪式。端午祭奠的对象有说是屈原，有说是伍子胥，还有说是曹娥。只有在江南的广大地区，有祭祀百越人图腾——龙的传说。总之，几种说法都和水有关系，所以有赛龙舟的习俗。此外，中国文化理念崇尚阴阳平衡，端午节是五月初五，五是阳数，因为是重五，两个阳数叠加有极阳之意，所以被纳入恶月恶日。从先秦开始就有恶月恶日辟邪避毒的说法，甚至有这一天出生的孩子不祥，男要杀父、女要杀母的传说。虽然，不是普遍的鬼节，但也是著名的祭日，由此而形成意义相关的风俗。就其祭日而言，和七月十五盂兰盆会的意义是有交集的。既然呼兰民间有鬼节出生的孩子不吉利的信仰，同是祭日的端午节出生的孩子有类似的文化禁忌，也就顺理成章了。张家把萧红的生日推后一天，也就在情理之中。张廷举对朋友言之凿凿地确认，已经是在萧红不幸早逝十六七年之后，而且，萧红九岁时丧母，这一年五四运动爆发，次年萧红就进入了呼兰县立小学新设立的女生部，也都“应验”着命运不济与不祥的古老谶语，使他更忌讳道破天机。尽管他是一个无神论的新式知识分子，但要顾及整个家族与社会关系的舆论，自然也不愿犯众怒。

呼兰学人的调查是在20世纪80年代，距萧红叙事的年代有四十余年，距离小说本事发生的年代至少有六七十年，因为萧红讲述的是学前的童年见闻，那时五四运动还没有爆发。在多半个世纪的历史中，发生了政权的频繁更迭，战争导致的文化溃败，官方意识形态的激烈沿革，特别是1949年开始的移风易俗、破除迷信的各种政治运动，“文化大革命”更是要“扫除一切牛鬼蛇神”，他们调查的对象就是八十岁以上的老人，也很少有亲历，并且很难保留早年的记忆。就是在呼兰学人的著述中，也还保留了民间至今仍然流传的“男莫占三六九，女莫占二五八”[①]，以及“三六九，往南走”[②]等不祥的时间禁忌的命运谶语。姜家人关于族亲在张家的命运，也有类似的说法，姜玉兰嫁到张家十一年病逝，萧红离开家十一年病逝，张秀珂是回到故乡十一年病逝[③]。可见，这种数字偶合的神秘宿命的原始信仰，至今仍然有深广的文化心理的关联域。所以，没有统计学基础的调查是不能作为证据的。

萧红自己的叙事对家庭也充满了怨愤，祖母用针扎她的手指[④]，“母亲并不十分爱我”[⑤]，“九岁时，母亲死去。父亲也就更变了样，偶然打碎了一只杯子，他就要骂到使人发抖的程度”[⑥]。在《家族以外的人》中，她还记叙了母亲对她的打骂。在张氏后人的叙事中，姜玉兰也是极为重男轻女的，一直不让萧红读书上学，只让她在家看孩子做家务[⑦]。至于继母，则更是她少女时代的克星。除此之外，她自己几乎避讳谈起生日，在自述的文字中没有具体的显示，只说二十岁的时候就逃出了父亲的家。但是，在虚构的文本中，五月节（端午节）总是与灾难和求生的抗争联系在一起。《生死场》第七节名字就叫“罪恶的五月节”，极端主观的修辞体现着对时间性质的格外强调。在这一节中，萧红主要叙述了两件事情，都与杀子有关。首先是王婆服

① 王云等．萧红生平年表［A］．孙茂山．萧红身世考［C］．哈尔滨：哈尔滨出版社，2003。

② 李重华等．漫论萧红［A］．李重华．呼兰学人说萧红［C］．哈尔滨：哈尔滨出版社，1991。

③ 王华珏．访萧红亲三姨93岁老人姜玉凤［A］．孙茂山．萧红身世考［C］．哈尔滨：哈尔滨出版社，2003。

④ 见《呼兰河传》第三章。

⑤ 见萧红散文《情感的碎片》。

⑥ 见萧红自叙小传《永远的憧憬与追求》。

⑦ 张抗．萧红家庭情况以及出走前后［A］．孙延林．萧红研究（第一辑）［C］．哈尔滨：哈尔滨出版社，1993。

毒，原因是当红胡子的儿子被官府杀死。第二件事则是生意赔本的成业，暴怒中摔死自己刚满月不久的女儿小金枝。萧红在哈尔滨读中学的时期，一心想当画家，广泛搜集涉猎中外美术的资料[①]，想必看过俄罗斯巡回画展派的代表画家列宾的名画《伊凡杀子》，启发了她取材的向度。这杀子故事设置在五月节特定的时间里，就有了献祭仪式的意味。王婆的儿子是因为没钱过节去抢劫，成业也是因为无钱置办节日必需的物品而气急败坏，起因都是没有财力献祭。这两个死去的孩子，便都有了祭品的替代意味，男性是自己献祭，女婴是被父亲献做祭品。端午节又名女儿节，因为是祭奠为寻父投江的曹娥，也可以解释为以女儿为祭品的节日，这和萧红关于家里为攀高亲给自己订婚的自述，有着深层语义的聚合，萧红熟读《红楼梦》，自然掌握将真事隐去的虚构策略。五月节之后，才有金枝到都市去的逃亡求生，连老实本分的二里半，在家破人亡之后，跟着李青山投奔人民革命军，也是在次年五月节的第二天。后来的创作中，也出现了粽子这样端午风俗的标识性物质细节，用在孤苦儿童遭日军迫害之前的情节[②]。作为一个精神强迫式的时间刻度，五月节在她所有的文本中都是一个划分生死的时间符码。萧红在青岛写作《生死场》这些段落的时候，刚从伪满残酷统治的哈尔滨逃出不久，到达那里的第二天就是端午节[③]。在她的身后，朋友纷纷入狱，此后又有不少为国牺牲。这个日子像是命运的咒语，划分着生与死的界限，一再呈现在她的叙事中，在强烈的心理暗示作用下，无意识中是否有对自身命运的不祥之感，心理的纠葛转换在文本的语言结构中得到释解。1936年，她在日本写给萧军的信中，有“什么人什么命”的话；1939年在重庆，她对好友张梅林说：“我总是一个人走路，以前在东北，到了上海后去东京，

---

① 孙延林. 萧红研究（第一辑）[C]. 哈尔滨：哈尔滨出版社，1993。

② 见萧红小说《莲花池》。

③ 又一说萧红到达青岛的当天就是端午节，见铁峰. 萧红生平事迹考[A]. 萧红. 萧红全集（下卷）[M]. 哈尔滨：哈尔滨出版社，1998：1468。

现在到重庆，都是我一个人走路。我好像命定一个人走路似的……”[①]可见，作为左翼作家的萧红，是不完全排斥天命一类传统文化信仰的。而她对写作怀着“宗教式”的感情[②]，也近于献祭的行为，短暂生命化作的文字便是特殊的祭品。

综上所述，萧红出生于1911年6月1日的最早说法，论者所谓一生下来就受到传统文化歧视的论点，我以为都是可信的。

二、神秘婚约：“将军之子”？

萧红订婚的时间，是萧红身世中至今没有彻底解决的最大疑团。

最早的说法是三岁订婚，这一说法流传甚广，以至于最早的出处几乎被遗忘，应该是张家长辈所言，萧红向人转述。其次，则是十四岁读高小的时候订婚[③]。这两种说法都因为萧红二伯父之女张秀珉的最新说法而被推翻，因为她是萧红少年时代的密友，在呼兰读书期间从未听说她订婚的事情，所以具有了权威性。据她说是萧红十八岁的时候，由六叔张廷献做媒，萧红与汪恩甲（亦名汪东海）订婚。张廷献与汪恩甲之兄汪恩厚（亦名汪大澄）是阿城第三师范的同学，上学时两个人在一起演戏过从甚密。毕业以后，汪恩厚在哈尔滨道外教育系统工作，张廷献到北京国民大学读教育系，毕业后回到哈尔滨，先在教育界供职，后任道外税务分局局长，两个人离得不远，续上同窗之谊。汪恩厚在张廷献家见过萧红，欣赏她沉静有礼的气质，便托他为弟弟提亲[④]。

---

① 梅林．忆萧红［A］．王观泉．怀念萧红［G］．哈尔滨：黑龙江人民出版社，1984。

② 端木蕻良．我与萧红［A］．曹革成．我的婶婶萧红［M］．长春：时代文艺出版社，2005。

③ 张抗．萧红家庭情况及其出走前后［A］．孙延林．萧红研究（第一辑）［C］．哈尔滨：哈尔滨出版社，1993。

④ 王化珏．访萧红堂妹张秀珉老师［A］．孙茂山．萧红身世考［C］．哈尔滨：哈尔滨出版社，2003。

尽管这三种说法时间相差很大，但是订婚对象却都是一个人——汪恩甲（也有作汪殿甲）。令人疑惑的是他的身世，由于哈尔滨沦陷之后，汪恩甲突然失踪，而且此后很长一段时间没有任何消息，几乎是人间蒸发了，所以带来很大的麻烦。张秀珉的说法明显有漏洞，张廷献出面把自己的侄女介绍给同学的弟弟，这就意味着自己比同学低了一辈，这在20世纪30年代的东北是不合礼法的，张家是极要脸面的乡绅人家，不可能这样行事，就是同意这门亲事，也要找两个家族以外的人充当介绍人。

十四岁订婚的说法，除了萧红直系后人的确认之外，铁峰也做了深入的调查，上文提到的于兴阁自称就是当年的介绍人。但是由此带来的新问题是订婚对象的姓氏发生了变化，汪恩甲变成了王恩甲，但是此人后来的履历却一如既往。已知汪恩甲家是哈尔滨顾乡屯的富商地主，或者小官吏，而于兴阁充当介绍人的婚姻，男方家长却是颇有权势的呼兰驻军帮统王廷兰。有清一代，黑龙江一直是军政合一的管理体制，到同治元年（1862）才设置最早的民治机构。加上近代边患严重，就是在辛亥革命之后，东北军人的权势也是不得了的。于兴阁与张、王两家都有交情，又与王廷兰一起在马占山帐下为将，双方家长都有意，王廷兰托他出面做媒合乎情理，但因为当时萧红只有十四岁，所以没有正式举行订婚仪式。

但是，这种说法也因为王廷兰个人情况的逐渐清晰而瓦解。王廷兰一直是马占山的心腹爱将，1933年，代表马占山到齐齐哈尔会见国联李顿调查团，为日本特务逮捕后坚贞不屈，被装入麻袋从楼上摔下来壮烈殉国。作为抗日英烈，他的家世一目了然。于兴阁出面保媒的是王廷兰的次子，而所有的调查都证明王廷兰只有一子王凤桐，比萧红大三岁，十六岁的时候与呼兰北街开皮铺的孟家女结婚，次年生子。父亲殉国之后，他们不堪日本特务的骚扰，逃进关里投奔张学良抗日，后人延续至今。尽管由于订婚主角缺席，这种说法自然瓦解，但是，也还有值得推敲的疑点。首先，于兴阁没有必要编谎，关于萧红的生日，也是出自他之口，他与张廷举20世纪50年代末还有来往，可见关系非同一般，熟悉张家往事。1929年，萧红祖父八十大寿，马占山与王廷兰都来赴宴。时任黑龙江省骑兵总指挥的马占山将军赠送了一块“康疆逢吉”的牌匾，并当场提议把张家大院北面的胡同改为长寿胡同。张家择地造屋的时候，那里还很荒凉，没有道路的标识，统称龙王庙路南。龙王庙路是指龙王庙前的一条东西之路，1913年，因为英顺驻防呼兰，公馆设在龙王庙路西头，而改名英顺胡同[①]。这一次，因为张维祯的八十大寿而再次更名，可见马占山将军对张家的厚爱。张廷举当时只是呼兰县一所小学的校长，和军界不搭界，何来如此大的排场？萧红时年十七岁，次年（1929年）1月，与汪恩甲正式订婚。寿宴同年，张廷举连续升迁，6月，任呼兰县教育局局长，9月任黑龙江省教育厅秘书（相当于现在的办公室主任）。而当1931年，萧红第二次出走北平求学，引起社会舆论大哗，王家提出退婚，张廷举立即因教子无方被撤去教育厅秘书的职务，外放到巴彦县教育局任闲职督学，可见，这桩婚姻是带有政治联姻性质的。出于给爱将王廷兰壮声势，马占山将军亲自赴宴便在情理之中。此外，除非他是张家旧交，有一种说法，萧红祖母的哥哥是某地的督军。长期以来，还流传着王、汪两家是亲戚，汪恩甲本姓王[②]的说法。萧红订婚时间的主要难点就是汪恩甲的神秘身世，萧红与他同居就是在马占山将军组织江桥抗战，“打响武装抗战第一枪”之后，汪恩甲的人间蒸发则是在王廷兰殉国前后。由此联想到萧红升学的阻滞，主要来自父亲和大伯父。她十六岁小学毕业之后，全班绝大多数同学都升学了，只有两三个在家中等待出嫁。张廷举身为五四运动的急先锋，提倡女学而不许自己的女儿升学，这实在匪夷所思。他这样做要面临两个方面的巨大压力，教育界的同人会嘲笑他“伪新党”，姜家人会谴

① 王连喜．萧红故居与文物综合考［A］．孙茂山．萧红身世考［C］．哈尔滨：哈尔滨出版社，2003。

② 曹革成．我的婶婶萧红［M］．长春：时代文艺出版社，2005：45。

责他亏待前房的孩子，而且，他不做任何解释。大伯父的理由是女学生太荒唐，看不惯她们搞自由恋爱，祖父央求与继外祖母求情，都无法动摇兄弟俩的决意。萧红对于大伯父的质疑，也是以婚恋自由为逻辑[①]，可见尽管她省略了本事，无意识中也还透露出心理病灶，十四岁订婚一说不能彻底推翻。

萧红正式订婚的这一年，祖父去世了，她便决定从此不要家[②]。当年，萧红对于自己的婚事讳莫如深，对朋友也不肯露一点口风，是否也是顾及马占山将军与王廷兰的关系，还有自己家族的利益。她所有自述的文章中，都说自己家人的不是，而从来没有对汪家吐露丝毫不满，最多只是说汪恩甲没有情趣，还是萧军转述的（见小说《烛心》）。还有一些蛛丝马迹值得查考，萧红当年曾对同窗好友徐淑娟说，自己很小的时候，就被家里定给了豪门，能够让她出来读书，也是为了攀这门高亲[③]。徐淑娟关于萧红的叙述基本都是准确的，比如很早死了亲娘，与父亲和继母关系不好，在家里只与祖父和弟弟亲。因为她和萧红是单纯的同学关系，不涉及几个家族之间的利益与心理纠葛，所以没有顾忌。已知汪恩甲的父亲是一个小官吏，再有钱也谈不上是豪门，更像是门当户对，只有与王廷兰结缘可以算得上高亲。骆宾基在《萧红小传》中，转述她的自陈，家里定的亲也是一个将军的儿子。王廷兰时任骑兵团长，临危受命之前，被马占山将军授予少将军衔[④]。

于兴阁的说法最大的疑点，是张家祖训是子弟只许读书经营农商而不得入仕，英豪如萧红大伯父张廷蓂也“视宦途如河海”（见《东昌张氏宗谱书》），张廷举与张廷献尽管违背祖训，两个人学的却都是

---

① 见萧红散文《镀金的学说》。

② 见萧红散文《祖父死的时候》。

③ 李丹，应守岩．萧红知友忆萧红［A］．孙延林．萧红研究（第一辑）［C］．哈尔滨：哈尔滨出版社，1993。

④ 铁峰．萧红生平事迹考［A］．萧红．萧红全集（下卷）［M］．哈尔滨：哈尔滨出版社，1998：1431。

教育，也只是做教育和税务系统的官。张廷举是受过“五四”新文化洗礼的知识分子，在家里崇尚科学民主的风气，何苦为女儿早早定下一门虚无缥缈的亲事[①]？就是想定亲，以耕读传家的乡绅之家也不可能与军界联姻，传统文化的偏见是“好铁不打钉，好汉不当兵”。查《东昌张氏宗谱书》，几乎没有联姻军人的记录，可能有也不愿意显示，而大伯父娶阿城义兴泉孔公女则写进了家谱，可见以之为荣耀。如果萧红祖母的哥哥确实是督军的话，这个矛盾就迎刃而解了。所有亲属关于萧红祖母范氏的叙事，都是精明强干，神神道道，请神赶鬼，无有不信，好走动，而且很神通……萧红父母的婚事就是她一手包办的。以范氏的性格，在家里说一不二，是会干出这种糊涂事的，所以三岁订婚也不是空穴来风。萧红厌恶祖母，可公开的原因是三岁时祖母用针扎了她的手指，但是据张廷举的后人说，只是为了吓唬她[②]。姜氏后人也回忆，姜玉兰严厉管束萧红的原因，是觉得她被祖父母惯坏了[③]。有洁癖的范氏当初只是为了阻止她捅窗户纸，拿针等在窗外吓唬她，没承想弄假成真，给她留下最初的创伤记忆。不仅如此，《生死场》有两个孩子死于三岁，而且都是由于家长的原因结束生命，王婆自述第一个孩子三岁时被自己疏忽而弄死，北村老婆婆因为独子抗日敢死牺牲了，因生活无着而和三岁的孙女菱花一起吊死。这显然也是将真事隐去的红楼笔法，带有神秘咒语性质的时间数字是沉入无意识的婚约强迫，置换替代在诗性的语词结构中，不可言说的深层婚约宿命，在后设的表层创伤记忆叙述中象征转喻出来。这也是萧红在叙事中，经常使用的修辞手法。她在《呼兰河传》中用了整整一章，叙述小团圆媳妇的悲惨命运，应该也有对于自身命运的自喻，

① 见萧红《北中国》《小城三月》等以家庭为背景的小说。

② 张秀琢．重读《呼兰河传》，回忆姐姐萧红［A］．孙茂山．萧红身世考［C］．哈尔滨：哈尔滨出版社，2003。

③ 李重华等．萧红外传［A］．李重华．呼兰学人说萧红［G］．哈尔滨：哈尔滨出版社，1991。

特别是听到她被虐待的哭声，就感到无比恐惧，赤身被开水烫的情节，也是她被囚禁在福昌号屯期间，无依无傍身心双重受虐的转喻。1933年她写作发表了叙述在福昌号屯日常生活的小说，以“出嫁”为题目，是否也有神秘婚约导致精神强迫的恐惧，因为与题目相关的段落占的比重不多，而且是以窥视到的内容剪辑连缀，故事是听来的三言两语，主角新娘却是缺席的，因为害怕老婆婆哭红了眼，怕人笑话而裹在被子里。裹在被子里与扒光了衣服，两项极端对立的叙事，是女孩儿以身体自卫来掩饰对性的恐惧。

由此出发，扑朔迷离的所有说法，应该可以理出头绪。萧红大约是在祖母生前订立的婚约，很可能两家已经吃了订婚席。而且，按照风俗定制，张家可能多年来接受王家的财货，像小团圆的婆婆每年给她的娘家送“头绳钱”“腿带钱”等，就是在祖母范氏过世之后，也仍然继续。旧日东北乡间的婚配礼俗，通常实行的基本步骤，首先是托媒人提亲，女方家长同意之后，男方按照定制送女方彩礼，两家在一起吃订婚酒，议定婚期，然后举行婚礼。萧红父母的结合，最初议婚不成是在1900年的庚子之乱中，张家跑毛子躲在乡下时，再次提婚已是在四五年之后，女方家长口头同意了，张廷举的二哥等带了“大布”“小布”等订婚彩礼，送到姜家，双方议定结婚日期，在当年的秋后举行了婚礼。如果定的是娃娃亲，则更要履行风俗约定的制度。民间把各种婚姻仪式看作是天道一样神圣的规约，不要说是豪门，就是普通人家也不可反悔，一直到20世纪80年代，东北方言骂不守信用的人，经常的说法还是“你家有一个姑娘也得许两个婆家”。

在这样的情形中，作为过继子的张廷举在养母生前死后，都无法做主，也无法向别人解释，对于一个新式知识者来说，这毕竟是一桩难以启齿的家丑。朋友与家族后人都不明就里，以为是当时的举动。特别是汪恩甲的身世之谜，作为同事朋友的于兴阁或许还略知一二，小萧红三岁的张秀珉则更无法知道这个家族旧事的谜底。就是知道也要隐瞒，以免对方追究当初的欺骗行为。十四岁提亲与十八岁的正式订婚，更可能是旧话重提，行伍出身的王家崇尚早婚，王凤桐就是十六岁结婚，次年生子。王家请于兴阁给张家过话时未提前因，而张家以年龄太小婉拒，一如萧红外祖父最初答对媒人一样，大户人家的姑娘出嫁早了让人笑话。而张廷献更可能是给汪恩厚提供相看萧红的机会，另有别人担当介绍人的职责，也给两个年轻人提供会面的场所。汪恩甲也是受了新式师范教育的人，当时在道外教会系统的三育小学任教师，如果没有见过萧红，怕也不会贸然接受这桩婚事。萧红所谓家里为了攀这门高亲才同意她到哈尔滨来读书，大概早在两三年之前，双方家长就有秘密协商。而她在自述中忽略了的向家庭实行骗术的关键情节，就不仅仅是当修女一类泛泛的说法，大概还有让她到哈尔滨上学就答应初中毕业就成婚的承诺。所以，她初中即将毕业，提出退婚、到北京读高中的时候，全家人愤怒至极。

据于兴阁的叙述，他与张廷举提及此桩婚姻的时候，张家也有意，只是以年龄为理由，没有答应立即成婚。新式知识者张廷举面对这个棘手的难题，年龄是唯一有力的遁词，而基本同意的态度，除了不可违抗的养母约定之外，还与此时萧红的精神状态有关。萧红这一时期有一次伤心欲绝的初恋，并且抑郁生病半年。她发表于1933年的《叶子》，详细地记叙了这个过程。尽管是第三人称，但是环境明显是张家老宅，有东西屋与后花园，人物也和其他家族叙事相吻合，管家也叫王四[①]。女主人公叶子显然是萧红的艺术化身，男主人公莺哥称叶子的父母为舅舅舅母，应该是姑表兄。小说以叶子对即将放假回来的莺哥的思念开始，叙述了和他在后花园中亲密谈笑的幸福时光，莺哥离去后的落寞与抑郁寡欢，父母请医求药不见好转，只是以翻日历等待与他相会的时间。莺哥终于回来了，但靠打柴为生的父亲带来叔叔给他订婚的消息，没有母亲的莺哥睡在没有火盆的房子里，终夜不眠地咳嗽，盼望着叶子来看他，而叶子受到母亲的呵斥，理由是他是

① 萧红有一篇小说就是《王四的故事》。

定了亲的人，不能走进他病卧的房子，直至他死去，看着他的父亲跟在棺材后面远去。没有过少女情窦初开的初恋悲情，是写不出这样灵动哀怨的文字的。莺哥是靠舅舅的资助读书，假期的时候都是住在舅舅家。萧红有三个姑母，其中一个嫁到呼兰本地韩家，而且迅速败落了。关于姜玉兰的死因，姜家的说法即与之有关。1920年的时候，韩家失了一把火投奔张家，一心好强治家的姜玉兰困于家事又无法疏解，毒火攻心一病不起身亡[①]。没有母亲而家道败落，莺哥当为她二姑的儿子。在《呼兰河传》中，为祖母奔丧的只有两个姑母，乘坐豪华马车来的二姑母带着一个叫兰哥的儿子，应该和莺哥属于同一个素材原型。当时来了不少男孩子，萧红只是提到兰哥，可见后设的诗性叙事中，也是对早年难以忘怀的朦胧初恋的转述方式。张廷举同意于兴阁的提议，大约也有帮助萧红从贫富悬殊的恋情中解脱出来的用意，而且早些订婚，也可以杜绝莺哥的“非分之想”。小说只有莺哥订婚的情节，也就遮蔽了叶子抑郁生病与莺哥病亡的真正原因。

十八岁正式订婚，张家也有类似的焦虑。萧红在1928年的反五路“一一·九”反日爱国学生运动中很活跃，此后，不少男学生找她，特别是已有家室的远房姑表兄陆哲舜与她来往密切，引起双方家长恐慌，害怕惹出绯闻，“有损张家门庭”[②]，急于给她订婚。而汪恩甲公开的父亲病重来日无多，希望早日看到儿子婚姻大事的定局也在情理之中，所以双方家长紧锣密鼓，以新的介绍方式，把遥远的口头婚约通过正式的订婚仪式公开、固定下来，也有杜绝别人觊觎萧红的意思，还有平息流言的目的。

所以，我以为萧红很可能是在三岁的时候，由祖母范氏订的婚，张廷献当时还没有与汪恩厚同学的后缘，所以不犯辈分的礼法。张家

① 李重华等．萧红外传［A］．李重华．呼兰学人说萧红［G］．哈尔滨：哈尔滨出版社，1991。

② 王化珏．访萧红继母亲妹妹梁静芝老师及丈夫马天浩老师［A］．孙茂山．萧红身世考［C］．哈尔滨：哈尔滨出版社，2003。

人隐瞒萧红的生日，祖母早早给她订婚，就不仅是出于攀高亲的目的，还想把这个不祥的孩子早早打发出去，订给鬼神忌惮的军门，成了别人家的人，也就不会妨母亲了。而民间认为鬼神怕恶人，权势炙手可热的军门之子命硬，不用害怕恶鬼投胎的小女子。而且，萧红写作的年代，由于日伪当局的残酷迫害，王廷兰殉国以后，王家的家道确实迅速败落，而且和小团圆媳妇的婆家一样不知去向，汪恩甲本人则神秘失踪，如果按照鬼节信仰的文化逻辑，完全可以赖到隐瞒了恶鬼身份的童养媳妇身上，而且他们没有举行正式的结婚仪式，也就属于《呼兰河传》第二章盂兰节风俗中民间所谓的“望门妨”。皆是借别人的酒杯，浇自己的块垒。以至于当汪恩甲在新世纪旧影浮现的时候，汪家后人干脆否认正式订婚的说法，连萧红的未婚妻身份也要抵赖，如果想强行否认婚约的话，也只有1932年法庭判离婚的旧案勉强可以成立，但是时间差是无法抹杀的。而铁峰先生听张家的一面之词，坚持说汪恩甲玩弄萧红，则说明张廷举其实知道汪恩甲后来成家、赴欧洲留学、回国赋闲，新中国成立初期通过哈尔滨市文职人员考试，最终在1949年死于狱中的下场。可见政治场域、历史情境、家族关系与文化禁忌的多重话语彼此缠绕纠结，使萧红的身世遮蔽在层层的话语迷雾中，旧案未结又出新案①。十四岁的重提与搁置，十八岁的正式订婚，都是这桩娃娃亲变相通融的方式。这也符合张廷举维新家风的处事办法，在传统和现代之间折中，而作为当事人萧红的意愿与感觉则是不被尊重的。家族的仇恨与亲属的恩怨，实在比党派政治的争斗更持久。

---

① 可参见曹革成. 萧红的第一个恋人［J］. 世纪，2014（2），如果未婚妻的身份确实不存在，也只可能是在1932法庭判离婚之后，但是早年的婚约与1929年的订婚仪式则是无法否认的；还有东北网《与萧红的一次精神约会》，2013年3月26日初次发表，还承认其父是高级将领，目前也被删除。两份资料的反复无常，大概都是源于汪家后人的不满，因为他引动着这个家族的灾难记忆，后人明确表示不愿提及这些不堪回首的往事，接受采访的是堂侄女和儿媳妇，都是转述死去长辈的叙述，多数人拒绝采访。

三、儿子下落：生死不明。

萧红与萧军同居六年，在即将分手的时候，才怀上孩子。1939年，她在江津唯一的一家小医院中，生下这个孩子。关于这个孩子，在多数传记资料中都说是死婴，因为罗烽给端木蕻良的信中写道："生一子已殆。"[①]

这一说法，在20世纪的90年代被动摇。1996—1997年间，我为了写作《萧红传》走访了一些30年代的左翼作家及其后人。罗烽与白朗的养女、晚年的秘书金玉良女士谈起，这个孩子生下来是活的，和萧军长得一模一样。过了三天再去看，萧红就说死了。梅志先生接受我的采访时，也坚持这个说法，只是致死原因比较明确，是药物的作用。1998年，梅志先生出版了《花椒红了》，在其中收录的回忆萧红《爱的悲剧》一文中写道："就这样，她结束了做母亲的责任和对孩子的爱。""这当然是萧红的不幸！但她绝对不是不愿意做母亲，她是爱孩子的。是谁剥夺了她做母亲的权利？爱自己孩子的权利？难道一个女作家还不能养活一个孩子吗？我无法理解。不过我对她在'爱'的这方面更看出了她的一些弱点。"[②]1999年6月《香港文学》登载了金玉良女士《一首诗稿的联想——略记罗烽、白朗与萧红的交往》，她在文中说："一天，萧红对白朗说牙疼，要吃止疼片。白朗给她送去德国拜尔产的'加当片'，这是比阿司匹林厉害得多的镇痛药。第二天一早，白朗很早就去医院，萧红告诉她孩子夜里抽风死了。白朗性格率直爽朗，遇事少转脑筋。听到这突然的消息马上急了，说，昨晚孩子还好好的，怎么说死就死了？她要找大夫理论。而萧红死活阻挡

---

① 端木蕻良．我与萧红［A］．曹革成．我的婶婶萧红［M］．长春：时代文艺出版社，2005。2010年江苏文艺出版社再版时，这条资料和其他的不少资料都被删除了。

② 梅志．花椒红了［M］．北京：中国华侨出版社，1995：23。

不让找大夫……”

当时在萧红身边的只有白朗，这应该是关于这个孩子最权威的叙述，结论让人毛骨悚然。梅志欲言又止的说法，最早的出处也应该是来自白朗，而逻辑推导的前因则是萧红一直不想要这个孩子，所有人都是这样回忆的。在武汉的时候，萧红又曾和梅志一起找医生非法打胎，终因费用昂贵而作罢，所以，她们认定这个孩子之死与萧红有关，进一步的推论是因为端木蕻良不愿意接受这个孩子，迫使萧红出此下策。

但是，我最初听到的死因，是推论的句式：“不是……就是……”并不那么言之凿凿。这一说法出现的时候，白朗已经去世三年。而且，她曾经有过两次精神分裂的病史，一次是在延安整风期间，失语一年半，满嘴的牙都脱落了；再一次，是在“文革”当中患上了严重的精神分裂症。她晚年的叙事应该属于后设叙事的推论，精神状况对叙事的准确度会有影响。梅志有过长期被监禁的经历，金玉良女士文中所言婴儿致死原因最早出于她之口，长期政治迫害导致的心理取向，也会影响叙事的可靠。根本的问题，是谁也没有看见死婴，连医生在内，所有的资料都不显示死婴。这种主角缺席的叙述值得怀疑，萧红原本体弱，产后更是疲乏不堪，新式医院为了防止产后感染要输入消炎药，那更是生不如死的难受，她将如何处置死婴？即使孩子真的死了，也还有其他的可能，小婴儿是十分脆弱的，如果照料不周，是很容易夭折的，比如盖得过于严实也会导致窒息。但是，无论如何应该有尸体。医院的医疗档案没有保留下来，所有的资料又都不显示死婴，所以无法确认这个孩子的生死，只能判断他一开始是活的。

因为和萧军的情变，萧红一直不想要这个孩子。在回武汉的火车上，就和端木蕻良表示，到了武汉就设法打胎，原因主要是要和萧军一了百了，不愿再有任何瓜葛[①]。她乘船奔逃重庆到宜宾，同行的李

---

① 端木蕻良．我与萧红［A］．曹革成．我的婶婶萧红［M］．长春：时代文艺出版社，2005。

声韵突然重病被送进医院，她在码头赶船的时候，被缆绳绊倒，盼望着这个孩子跌出来，因为实在拖不起了。然而只是先兆流产，孩子还是安然无恙。萧红临终的遗嘱之一，是让端木蕻良帮她找回自己与汪恩甲的那个女孩儿。对这个孩子，则一直闭口不谈①。可见，也仍然有不可言说的隐衷。

根据以上辨析，我以为这个孩子更可能是被萧红偷偷送人了。因为要彻底阻断和萧军的联系，谎称死了，以杜萧军寻访的打扰。当时的那些朋友，几乎都是萧军的铁哥们儿，在她情变的问题上无一例外地站在萧军一边，所以，她对朋友也不肯透露实情。这就是白朗回忆中，她当时脾气很坏，对什么都好像怀着报复的心理，和好朋友也不肯交心，而且分手时坦言"我将孤寂忧悒以终生"②。再一次经历失去孩子的大悲，而且无人可以倾诉，是她忧悒的根本原因。这是命运的又一个咒语，她只有躲避原先的朋友，才能在拼命工作中遗忘。

小记：本文最初发表在《新文学史料》2011年第2期，此后陆续有新的资料出现，特别是从2013年开始，萧红未婚夫旧影浮现，关于他的家世、离开东兴顺旅馆之后的行踪多有披露，为我以前的推想提供了佐证，也提供了相反的叙事例证。经过与原有资料的对照加以仔细辨析，在去伪存真的同时，也使以前忽略的一些细节有了深入推测的契机。本文基本观点没有变化，但是补充了新资料，以及对旧资料的深度解读。因为只限于几个重大问题，更为详细的考辨已经写入拙作《呼兰河的女儿——萧红全传》（2015年修订版），所以没有充分展开论述。

2016年3月17日

于沈阳烽火四台

---

① 端木蕻良．我与萧红［A］．曹革成．我的婶婶萧红［M］．长春：时代文艺出版社，2005。

② 见白朗《遥祭》。

第二讲　溃败：现代性劫掠中的历史图景

——萧红文学的基本叙事视角

萧红生长的时代，正遭逢现代文明以铁血为先导强行登陆古老大地最严峻的时刻，整个民族都承受的“三千年历史未有之变局”的剧烈震撼，发展到亡国灭种的危急关头，而她世居的故乡呼兰地处北部边陲，更是首当其冲地承受着这一现代性劫掠的历史混乱。北方沙俄的“黄色俄罗斯”迷梦，东瀛以“满洲为日本生命线”的扩张野心，都使这块沉睡多年的沃土警醒过来；机械的工业文明强行进入蛮荒的原野，农耕渔猎手工作坊式的传统生活方式迅速塌陷。历史的错动在这里尤其剧烈，江山一再易主，紧邻呼兰的殖民地现代大都市哈尔滨迅速崛起，都成就了萧红对现代性劫掠的切近观察，而最初的沦陷则强化了她表现这历史图景的自觉。

一

因为与北部强邻接壤，东北历来是清廷边防的重中之重，晚清更是一再增强黑龙江的设防，并且到山东、河北招徕农民，以各种方式建立近代军火工业，以及改革军政合一的管理体制，都使东北的现代性问题尤其尖锐。1900年的庚子之乱，沙皇尼古拉二世亲自统帅十万大军，企图一举吞并东北。萧红的祖母为了“跑毛子”，和全家躲到呼兰西北的乡下，由此得识萧红待字闺中的母亲姜玉兰，才有曲折媒妁婚配的后事。十一年后，萧红降生，这一年又是革命的辛亥年。这带有隐喻的性质，萧红是在错动历史的皱褶中曲折而来，她一生奔逃在外来暴力的威胁之下，最终死于太平洋炮火倾覆的香港，漂泊的宿命和现代性劫难紧密纠缠在一起，也可以称之为“历史的人质”了。她以孱弱的身躯最直接地承担着个人的生存危机、东北民众的危机与整个民族的危机，甚至是全人类的危机。

回应外来文化的铁血暴力，有识之士早在晚清就开启了文化革新的运动。世居北部边陲的张氏家族，是东北最早感受到这种文化剧变的一群，败落的趋势迫使他们迅速变通，从第五代开始已经涉足洋务，萧红的大伯父张廷蓂不仅继续祖业到更荒僻的地方开拓，而且通晓俄文；二伯父则勤谨理家，善于经营，使没落的家道开始中兴。萧红的父亲张廷举坚持上新式学堂，六叔张廷献在北京读了大学。他们都违背“只许读书，不得入仕”的祖训，分别当了教育与税务系统的官员，后者还经营粮食之外的现代商业。政治文化的维新倾向，在萧红自己的家中尤其明显，父亲早年就秘密加入国民党，直到辛亥革命成功的七八年之后，才敢把秘藏的孙中山画像公开，呼应五四运动，第一个砸了祖师庙里的牌位，逐步成为呼兰教育界的头面人物，提倡女学、鼓励子女读书上进。萧红从家庭到学校，都浸淫在这股新的政治文化思潮中，九岁开始，受的主要是新式教育，在哈尔滨、北京两地更是感受到前卫的左翼思潮，从五卅运动到东北民众反日的“反五路”运动，以及“中东路”事件之后针对北部强邻的募捐活动，她都怀着极大的义愤激情投入。

这样的世界观构型，决定了萧红民族国家的基本立场，“意识到的历史内容”一开始就是她写作的主题，也是她最早被读者接受的原因，以《生死场》轰动文坛，被定位为“抗日作家”，“历史的人质”，由此成为历史最早的见证人。而左翼的文学思维方式，又使她的心灵天平一直都向底层民众倾斜，这使她的历史意识充满了动荡时代的革命气息：阶级、种族、性别、战争与党派、文化撞击等，一开始就构成她思考的多种维度，形成了她民间的叙事立场。她在被新的文化思潮与意识形态塑造的同时，也以自己的生命和鲜血勤奋书写，参与了新的文化与意识形态的塑造，汇入历史不竭的长河。

“意识到的历史内容”与民间的叙事立场，形成了萧红观察世界最基本的视角：这就是民间的历史视角。也就是说，她是从民间的生存与记忆，观察、理解和叙述，参与了民族的现代性历史建构，完成对于民族特定阶段的历史言说。

从她出生算起，一个世纪过去了，她所思考的问题至今仍然困惑着我们，因为中国现代性的历史还在曲折中演进。回应强势文明的猛烈冲撞，以什么方式进入现代社会，仍然是今天的知识者必须面对的问题。萧红以民间的历史视角，为我们生动地展现了现代性劫掠中溃败的历史图景，启发着我们借鉴历史面对现实。实际上，我们当下文坛讨论的所有话题，萧红的著作中几乎都有。比如，民族国家、文化批判、乡村溃败、底层写作、性别政治、身体叙事、终极关怀，甚至连后殖民的问题都有，当然是早期的后殖民问题。《生死场》中《传染病》一节，记述了东北鼠疫流行时期，外国医生在乡间的医疗暴行，修理机器一样的治疗方式带给乡民们的惶恐，和当下全球化时代整个乡土社会的困惑之间，只是百步与五十步的差距。

二

从这个基本的视角出发，萧红为我们展现了丰富的历史内容。

作为一个女性作家，在现代性的历史进程中，新的文化潮流把她从边缘推向了中心，和所有“浮出历史地表”的先行者一样，注定要在苦难中结束悲剧的一生。和家庭的决裂，使她迅速落入无产者的行列，贫病屈辱的生存状况比意识形态的影响，更强有力地决定了她的叙事立场。她以民间的历史视角首先审视的是自己的命运，而这命运又连接着大历史的运动，是它存在的一个经典细节。萧红几乎是以自己的生命为原点，表现了现代性由缓慢到急剧的过程。她的真情倾诉记录了历史折射在心灵的光晕，对于她来说的现实，对于我们来说已经是历史了。

她的创作几乎是从自述开始，第一篇散文《弃儿》，本事是亲历的纪实，讲述了自己乘哈尔滨的洪水逃出被囚禁的旅馆，在朋友家遭受冷遇，在医院生下未婚夫的孩子被迫送人，以及因为没钱交住院费而受到责难，终于离开了让她倍觉孤苦冷漠的医院。题目因此而具有了隐喻性，弃儿既是指涉自己舍弃孩子的无奈之举，也是指涉自己被娘家和婆家共同抛弃的处境，她因为未婚夫的失踪，欠下的四百多元食宿费无法偿还，被旅馆扣留，不再供应伙食，并且威胁要把她卖到妓院，成了两个家族真正的人质。

萧红早期的作品第一人称居多，就是第三人称的作品，也有不少是以自己的生活经历为素材，基本可以捋出她早年的生活经历。《蹲在洋车上》《叶子》《镀金的学说》记叙了自己从童年到少年的往事，包括了初恋与求学的重要事件，展现了在呼兰张家老宅中的日常生活。在以后的奔逃迁徙中，她陆续写下了《祖父死的时候》《家族以外的人》《永远的追求与憧憬》和《情感的碎片》，都是对于童年生活的追忆。至《呼兰河传》，第三、四两节更是以诗性的节奏与意境，回顾了自己的童年生活。写于1937年的《一条铁路底完成》与完成于次年的《一九二九年底愚昧》，是对在东省特别区区立女子第一中学校参加学生运动的回忆，《手》则是唯一以这所学校为环境的小说。《中秋节》回忆了当年私自随姑表哥陆哲舜到北京求学，受到家庭的经济制裁，穷愁潦倒的生活。《出嫁》与《夏夜》，记叙了自己被迫回到哈尔滨之后，被家族囚禁在阿城福昌号屯的生活情景，而生命接近尾声时写作的《“九一八”致弟弟书》，则是以两个与这个历史节点相关的回忆——童年的秋夜趣事和仓皇出逃离家的片段，了结了与家族的恩恩怨怨。《欧罗巴旅馆》等散文是她被朋友赶出门，暂居旅馆时的窘困生活与茫然、凄清和孤寂的心理记录。《小黑狗》与《广告副手》是初到商市街25号的生活片段。至出版于1936年的《商市街》，则更加细致地叙述了自己当时的生活状况与情感体验。

逃离哈尔滨之后，萧红从青岛、上海、东京、北京、上海、武汉、临汾、西安、武汉、重庆到香港，一路狂奔，不到八年的时间里辗转各地。而且她在这个时期，已经是职业作家，靠稿费为生，大量的时间投入了写作，无法融入当地的生活。但奔逃同时也是穿越文明之旅，大量的观感都以虚构的方式出现在她小说和第三人称的散文里。其中驻足最长的地方是上海和香港，而关于自己奔逃中最丰富的叙事是在上海时期的生活，《回忆鲁迅先生》是其中最生动的一部，忠实地记录了自己和鲁迅与许广平夫妇的交往，在他们身边的见闻，把一个可敬的伟人还原为可亲的普通人。《我之读世界语》是她此时学世界语的经历与感受。《在东京》记叙了自己初到东京的孤独感受，与对异国最初的印象。她在《失眠之夜》中，记叙了全民抗战的历史时刻，七七事变爆发之后，激起流亡东北作家的兴奋，和自己无家可归的惆怅。“八一三”爆发之后，她立即写下了《天空的点缀》与《火线外二章：窗边、小战士与生命》，记录了自己对迫在眉睫的战争紧张的心情，对民族解放事业的感奋。《记鹿地夫妇》则是“八一三”前后，她亲历的场景。《〈大地的女儿〉与〈动乱时代〉》记叙了自己在武汉的日常生活片段。《无题》是她与《七月》同人西北之行的唯一自述，以西安为叙事的环境，曲折地表达了自己情变的心路转折。《牙粉医病法》记叙了在重庆与池田的一次谈话，回顾了童年的残酷往事和鲁迅交往的瞬间记忆，使历史获得了时间的连贯性。《乱离中的作家书简》是写给许广平的信，在事务性缝隙中记叙了自己在重庆的生活与精神状态。《放火者》是对日军1939年5月3日开始对重庆连续大轰炸的亲历性控诉。《长安寺》则是自己对战时和平生活的感动，《茶食店》是对战时生活的随感。只有在香港的生活状况，永远无法诉说了，生命在炮火中仙逝。

这些亲历性的文字浸染着她浓郁的热血，与历史的时间平行流淌，她是以心灵的方式见证历史的惨烈与民族伟大的牺牲。作为“历史的人质”，被摧残的命运升华为艺术的精神，她以生命与历史签署了最严酷的契约，就是以心灵的方式感受书写整个民族在现代性劫掠中的悲壮抗争。

三

萧红开始写作的时候，已经经历了母亲之死、祖父之死、未婚夫失踪、舍弃亲子、被囚禁、被歧视与被侮辱的磨难，因此能够感同身受地认同民众的苦难，区别于鲁迅一代启蒙的精英知识分子，萧红一开始就把自己置于这在苦难中抗争的一族。呼兰老宅的贫苦房客与福昌号屯的穷困农民，是她家族记忆的外缘。现代性劫掠中的乡土社会最早启发她对世界人生的不平感受，是她最熟悉的民间生活，成为她接受激进左翼思想的基础。呈现在她基本的民间历史视角中最鲜活的部分，便是以家族为核心推及外缘的乡土人生故事。

萧红的第一篇小说《王阿嫂的死》以福昌号屯为背景，开启了她的家族叙事，《夜风》是续篇，一直到写于1936年的《马房之夜》，里面的地主都姓张，人物关系几乎可以和她的家族系谱一一对应。她逃出福昌号屯之后，被父亲张廷举开除祖籍，严禁子女和她来往，理由之一就是“污蔑家长”，可见她的思想行为和父亲所属社会的传统价值，已经对抗到了彼此都无法妥协的极限。萧红在哈尔滨以《麦场》开头的写作，逃到青岛才完成的《生死场》，把这个家族的叙事推向了高潮，拓展为历史的叙事，描绘了“九一八”前后，相隔十年间，东北乡土社会的急剧衰败。《生死场》中的一些地名沿用至今，成为历史地理学的标记；人物故事也可以找到现实中的原型，都发生在福昌号屯一带。《牛车上》的本事，发生在1921年，时间处于《生死场》前半部分的结尾。写于1939年的小说《旷野的呼喊》，则是以日本强修五路为历史时间的刻度，表现的是日本即将发动全面侵华战争的前夜，东北民众的各种精神反应，可以填补《生死场》中剪辑掉的历史时间空白。《桥》也大致属于这个时间段，和《生死场》中的金枝进城一样，是败落的乡土人生迈向都市的悲剧一幕。而进一步的扩展，则是萧红在匆忙的行旅中，发现不同地理位置的乡土社会民众的共同苦难，《小六》是以青岛为背景，《黄河》与《汾河的圆月》都是以临汾为背景，《花狗》《朦胧的期待》《莲花池》《山下》都以重庆为环境，表现了战争带给乡土人生的灾难与文化心理的波动，以及民众各种奋勇的抗争与巨大牺牲。

这个以家族为中心的乡土叙事动机延绵不绝，逐渐成为她写作的主要题材，几乎在她匆忙经过的所有地方都有相关作品问世，一直到香港时期，以传世之作《呼兰河传》为高峰，以《后花园》和《小城三月》等一批作品为代表，最终完成了“抗日作家”到“乡土作家”的辉煌转身，五四“人的文学”的理念也突破了左翼文学以阶级为核心的理论框架，与民族国家的时代主旋律交响，乡愁中便包孕着丰富的内容。就其所有本事发生的历史时段来说，当为抗战前的旧日乡土社会，和《生死场》前半部分属于同一个时空的风景。这些篇目都属于她计划中的呼兰河系列，其中包括由骆宾基根据她的口述记录的《红玻璃的故事》等十个短篇。她唯一虚构的一部家族叙事，是在1941年，听到皖南事变的噩耗之后，惦记在新四军工作的弟弟张秀珂与呼兰家中的父亲而写作的《北中国》，记录了与父亲及家族和解的心理转折。到《小城三月》，对父亲与家族的怨恨已经彻底释解了。从家族开始的乡土叙事，经由历史的中介，最终回归家族的起点。这也是在特殊的历史情境下，民族国家的核心问题，消解了新文化思潮中不同派别倾向的思想冲突，回到了文化革新的起点，也是她生命的原点。她的计划中还包括表现北大荒移民开发历史的长篇小说《泥河传》，当为她的母系家族史叙事，因为萧红的外婆家就在泥河边的姜家窝铺，时间的上限相当于张氏家族的历史起点，当为18世纪的初叶，可惜天不假年未能完成。民间的历史视角，从政治史的断代拓展到文化史的大跨度连缀，以更开阔的视野观照审视自己所处时代的现代性劫难，丰富了“意识到的历史内容”。

全民抗战的历史情境，带来话语空间的拓展，萧红已经挣脱了狭隘的阶级论与急功近利的文学观念，漂泊的经历与域外的发现，都使她更关注人类共同的命运与文学的永恒使命。1938年4月29日下午，她在武汉《七月》的座谈会上发言：“作家不是属于某个阶级的，作家是属于人类的。现在或者过去，作家写作的出发点是对着人类的愚昧。”当时人类最大的愚昧就是席卷全球的法西斯战争，导致了历史的浩劫，当别的左翼作家困惑于历史呼唤民族主题的时候，却因为阶级意识的思维习惯而无法转变写作方式，萧红却能从容地面对。早在1938年1月，也是在《七月》召开的一次座谈会上，面对“战场高于一切”的普遍焦躁，萧红认为“我们并没有和战时生活隔离”。她以跑警报为例，认为这也是战时生活，提到房东太太的女佣一听到警报响就浑身发抖，担心自己的儿子。这样的取材角度，使萧红的历史叙事具有了民族集体记忆的特殊意义。她一开始就形成的民间历史视角，是她的写作得以一以贯之发展的根本原因，并且最终达到对人类命运的整体思考，人生与人性的追问超越了她短暂生命的有限时空，进入人类艺术精神的永恒宇宙。

除了写乡土人生的战时日常生活与心灵苦难之外，萧红还把自己奔逃之旅的见闻，借着主人公马伯乐的眼睛，以虚构的文体展现出战时社会生活的混乱长卷，乡土叙事的动机进一步拓展到现代大都市，覆盖了社会学家所谓的“乡土中国”，在全民抗战的历史主潮中，消解了她早年乡村与都市的两相对立，使现代性的劫掠以不同的文化形态展现。未完成的《马伯乐》作为荒谬变形的游记式长篇小说，最初的动机是写于1939年的《逃难》，意在讽刺那些夸夸其谈、怨天尤人、无所作为的小知识分子。从重庆北碚开始写作，完成于香港，由于病重而没有写出第三部。按照她穿越文明的时间顺序，第一部从青岛开始到上海，第二部从上海到武汉，第三部应该是从武汉到重庆。

这使自叙的经历获得广阔的时空范围，隐蔽的叙事人不仅表现了崇洋媚外的洋奴的无耻，现代大都市的商业文化中颓废享乐的气息，战争导致的经济崩溃把底层民众推向悲惨的深渊，士绅阶级的虚伪，发国难财的奸商的狡诈，知识阶级精神的悲观萎靡，小知识分子的空谈与无用，各种食客的无耻与无聊……阶级的意识仍然保留在民间的历史视角中，只是有了人性的心理深度。战争为她提供了观察人性的机会，沉潜在悲凉诗性中的讽刺才华喷薄而出。

四

作为“五四”新文化的精神之女，萧红“历史的人质”性质，还在于她接受了新思想的启蒙却无法摆脱旧的文化制度束缚，而且新思想还没有制度化为社会秩序，外族的野蛮入侵又使历史时间倏然断裂，她的人生跋涉更多的时候是别无选择。升学的不顺是由于不可言说的婚约阻碍，与未婚夫同居是在日军进攻黑龙江的危难情境中，陷落旅馆是因为哈尔滨沦陷之后未婚夫神秘失踪，进入文坛则是由于左翼朋友的鼓励，由此的迁徙都是在法西斯与政治的压迫之下，为了求生的一路狂奔。

这样的历史处境使她的反抗挣扎比一般的民众，多了一重精神的苦痛。对历史的自觉意识在亡国灭种的生存危机之外，还有知识者自身发展的文化欲求，而这两种自觉的融合，才有了萧红在中学读书期间，立下“做革命者”的少年壮志。连她对包办婚姻的反抗，都起于对历史变革的大趋势敏锐的心灵感应，她曾经劝告童年密友，找对象要找有文化的穷人，因为在苏联有钱人的财产都已经被剥夺了。民众的反抗是由于没了活路，《生死场》中不少人跟上“爱国军”武装抗日，“他们不知道怎样爱国，爱国又有什么用处，只是他们没有饭吃啊！”而萧红所属的左翼知识群体，则具有明确的救国救民的牺牲精神。萧红从中学开始进入这个群体的圈子，最初是在学校受到高仰山等“五四”一代新式教师的阅读引导，在要好的同学徐淑娟家，接触到三育中学出身的学生们，然后是在1928年“反五路”抗日爱国的示威游行活动中，挺身而出自告奋勇地当宣传队员，并且由此和志同道合的表哥陆哲舜萌发了朦胧的爱意，才有以后离家出走北平求学的人生转折，苦难似乎由此开始，但是思想的前因早在呼兰家中就已埋下，五卅运动爆发后，她曾经参加募捐和义演，带有相当的必然性。而和家庭最终的决裂，所有社会关系的中断，与萧军的结合则使她正式进入左翼小知识分子的文化圈。在哈尔滨左翼文化沙龙牵牛坊，耳闻目睹了各式各样的革命者，接触了各种观点的左翼文人，和日后著名的抗日女英雄赵一曼也有过从。

这样的阅历为她的激进思想找到了具体的形象，也丰富了“意识到的历史内容”，为创作积累了素材。实际上，她最初发表作品刊物的编辑朋友几乎都是共产党员，而她的小说中一开始就有革命者的形象。收入她和萧军的合集《跋涉》中的《看风筝》，大领袖刘成就是一个革命者。尽管模糊了他的党派背景，只是含混地说上中学时加入了“某团体”。在奔逃的一路上，她更是广泛深入地结识了许多著名的政党活动家。特别是在鲁迅身边，几乎所有著名的作家都和共产党有历史渊源，胡风、茅盾、冯雪峰，以及耳闻到了瞿秋白的不少事迹。在武汉，她又结识了老革命家华岗，成为她后期来往联系较多的朋友。当时，华岗正在写作《中华民族解放运动史》，萧红以为写得实在好，“中国无有第二人也”。这使她对中国革命有着特殊的兴趣，“意识到的历史内容”中，革命是重要的一项。

自觉地表现革命者的生命故事，是萧红呼应革命最直接的方式。她以哈尔滨生活为基础的作品中，不少都与革命有关。除了上文提到的《看风筝》之外，《腿上的绷带》《两只青蛙》《渺茫中》《患难中》《清晨的马路》等作品，都涉及政治活动家的生活命运。写于1933年的诗《八月天》，更是以拟恋歌的形式表达自己对于革命者的敬爱。她想加入共产党，据说曾经去征求过鲁迅的意见。在上海完成的《商市街》中，不少篇什是关于哈尔滨牵牛坊左翼活动的回忆，《剧团》的往事是由共产党员罗烽等人组织的，参加者之一金剑啸1937年壮烈殉国，消息传到上海，萧红写下纪念他的诗《一粒土泥》。《生人》的原型是共产党领导的磐石游击队的政委傅天飞，1938年被捕以身殉国。写于东京的《亚丽》，是以流亡的朝鲜革命者生活为素材。《红的果园》中，也有一个悄然离去的革命女性。她丢失的一部长篇手稿，是以华岗的亲身经历为素材，得自与他在饺子馆的一次恳谈。和华岗的交往中，她还听到了他在四川、贵州一带考察时发现的红军当年的遗迹，当时就萌发了写长征的意愿。后来，在骆宾基的口中得知，当时关在上饶集中营的冯雪峰，有一部表现长征的长篇小说《卢代之死》未完成，更激发了她的创造冲动，成为临死之前念念不忘的“半部红楼”。她未完成的写作计划中，有一部长篇小说《晚钟》，是以1928年哈尔滨反五路的“一一·九”学生运动为素材。而且，她还有意识拼接民族民主革命的历史碎片，为断裂的历史找到连续性的线索。《北中国》里的乡绅之家与《呼兰河传》中的童年自叙，都是在长辈的叙述中捕捉历史的信息。据她早年的朋友回忆，她对政治很外行，终身崇拜的政治家只有孙中山。在她已发表的文字中，1900年的庚子之乱、1911的辛亥革命、1917年的十月革命，都以琐细生活片段的记忆透露端倪。至此，真正的叙事人——“自觉的革命者”萧红，将自叙传、家族史扩散出的乡土叙事与虚构的革命叙事融为一体，都汇集在抗日主题的历史叙事之中。

从萧红已经发表的有关革命的叙事来看，也是以民间的历史视角来处理这一题材，只是多了一重困惑与犹疑。而乡土民众、女人与孩子是这个题材的叙事中最多运用的叙事角度。《看风筝》是以革命者刘成的父亲为主人公，女儿死于工厂，他为抚恤金忍饥挨饿徒劳奔走三天，唯一的儿子被捕入狱三年，音信隔绝。刘成出狱之后，在乡村忙于动员村民，置孤独贫寒的父亲而不顾，“不是不念及，因为他有无数的父亲，把一切受难者的父亲都当作他的‘父亲’”。父亲在乡亲带领下来看他，可他已经匆忙离去。"……他父亲充血的心被他破碎了！他是一条狼，一条没有心肠的狼。"半年以后，老人在看风筝的时候，听说了儿子再次被捕的消息。萧红对革命者的冷血叙事中，有着朴素的理解，"刘成……怕他父亲，为的是把整个的心，整个的身体献给众人"。《腿上的绷带》中的老齐，由于革命而负伤继而失恋，萧红意在表现她身体与心灵的双重伤痛。《两只青蛙》则是以部分全知的限制叙事，以被伪满判无期徒刑的青年男女政治犯入狱经过的故事叙述，省略了他们的政治活动。《患难中》的主人公也是青年知识者，他以摆脱近于绯闻的日常琐事而悄然离去。《清晨的马路上》是以生活片段的连缀，省略了主人公无数晦暗之夜的活动。写于东京的《红的果园》，身处日伪统治下的主人公，烦躁不安的情绪表现他对女友投身革命的复杂心理。《渺茫中》不在场的革命者事迹，是以他妻子的心理感受，和母子之间的问答来讲述的。《生死场》中的李青山对抗日武装曲折的寻找过程，由"学生军"而土匪武装"红刀会"，最后找到共产党领导的"革命军"。她丢失的长篇小说"内容是写我的一个同学，因为追求革命而把恋爱牺牲了"。双方都是革命者，同样狂热而又把握不了革命，注定了悲剧的结局，表面的幸福如纱飘逝，天各一方、音信全无、男婚女嫁，在漫长的时间中，只有偶然听到对方音信时，心里有哀感升起……政治与个人情感的关系，是萧红处理革命题材的主要叙事角度，都是以放弃个人的伦理责任和情感的牺牲为结局。这大概是整个民族在奋勇抗击外来暴力的时候，惨烈牺牲的一部分。

两种伦理范畴的冲突中，在刘成们还是"忠孝不可两全"的传统男性观念，在女性则是"五四"启蒙话语中，个性解放、恋爱自由的理想与政治之间的矛盾。1936年旅居日本时期写作的《亚丽》，是她对这种牺牲最深刻的质疑。第一人称的叙事者以隔墙无意听到的暴虐女子性施虐的恐怖声音，和她的"养女"亚丽讲述的前因后果——亚丽极端的"××党"父亲由于凶恶"妻子"告发生死不明，窥视到革命者在极端的政治党派组织形式中的悲苦处境，组织纪律对性的强制最终威胁到自身生命。她内心感到的极大惊悚，对亚丽“继母”的厌恶与愤恨，把《患难中》对政治女性的心理排斥发展到了极点。萧红的这种倾向，早在写作《商市街》的时期便有流露，《牵牛房》中对一个脸很白的朋友，用了“政客似的”的联想修辞，都是对政治心理疏离的表现。但她并不是在根本上排斥革命与革命者，对于归国前来辞行的朝鲜流亡女孩亚丽，则把她视为“女神”，用诗一样的语言赞美她投身救亡事业的坚毅信念，回国寻找生母便带有了双重的意义。这篇小说兼有了童话与政治寓言的文体特征，革命者的生命故事在最古老的叙事形式中，显示了人性最普遍的基本问题。“老巫婆”与“善良少女”两相对比的人物关系，消解了政治绝对的正义性，权力与性的冲突超越了革命本身的范畴。这就不仅是“五四”启蒙理想的延续，还有对人生与人性价值的追问。萧红的革命理念更接近广义的政治范畴，意在表现一个时代人们普遍的生活状态，革命者的生命故事只是其中的一部分。

五

基本的民间历史视角，使萧红叙述历史的方法独具特色。她更多地关注历史的激变对民众生活与精神心理的影响，这有一点像鲁迅。她仍然以家为原点，在生活的细节追忆中捡拾过往历史的碎片，想象跨越了断裂的历史时间，《北中国》中的耿大先生家的客厅，战前挂的是威尔逊、拿破仑、林肯、华盛顿等西方大民主政治家的画像，这是从晚清到辛亥革命之后，维新派的主流意识形态标识。《又是春天》中，对1929年狂热投身的募捐大会，在江边远足时无意发现的一条废弃军舰上，找到了中东路事件的历史见证。《一九二九年底愚昧》里母亲买羌帖（旧俄卢布）的情节，保留了中国普通民众对十月革命的心理反应。长辈口述的往事，则把时间继续上溯，《呼兰河传》中有二伯一再回忆庚子之乱时的惶恐紧张；祖母与母亲储藏室中的器物中有清代的帽子……关于祖先来历的家族记忆可推至乾隆年间的18世纪中叶。祖父用放大镜在日光下取火的细节，是晚清洋务运动中西学传入的器物遗存。祖母房间里的三只钟表，更是外来文明进入民众生活的时间形式革命，特别是那座有毛子人和铁苞米的洋挂钟尤其显豁地标志着西方的物质文明，而传统仕女的座钟则是改良的形式，同一空间里放着三只钟，也可以看到这个维新家庭对于外来物质文明的惊艳。这些都是以儿童的视角，看见的象征性历史，听到的民间历史记忆。

在虚构的作品中，萧红则以民众日常生活的角度，表现他们对历史发展的认知理解与记忆方式。《牛车上》是以五云嫂与车老板讲述自己丈夫被当作逃兵"正法"前后的生活经历，回顾了民国十年（1921年）军阀混战的悲苦往事。她的命运是萧红对于战争残酷感觉最生动的注脚，早在1933年发表的《镀金的学说》中，她回忆了自己含泪听大伯父哽咽着讲唐代张华《吊古战场文》，直述了十多岁的她，对战争残酷的最初感受。此后，又在《无题》中，记叙了在西安一个伤残女兵对她的触动，想到她未来将怎样面对自己孩子关于身体的疑问。《生死场》中通过王婆的眼睛，表现了乡土社会最早感受到的外来文明，是远处传来火车的轰鸣与升起的浓烟，伴随着叙事不断向历史的最大劫难推进。《生死场》中《传染病》一节，外国医生修理机器一样的治疗方式与隔离措施，是乡土社会对现代文明最近距离的观察，形成对城市的恐怖想象，乡土与现代都市两相对立的文化冲突中包括种族的矛盾。而《生死场》中最后七章，表现了沦陷的过程，也是从器物开始，由象征到写实的过渡。"太阳旗"和"日本军营"引起乡民们的惶惑，是"年盘轮转了？！""中华国要改国号了？！""黑色的舌头"宣传王道乐土的声音，随着汽车"带着尘烟和骚闹"，花色纸片飞向山野。紧接着是村子里寡妇越来越多，日军随意侵入民宅、搜查、抓人、屠杀、凌辱妇女的种种暴行，终于迫使乡民们对天盟誓，奋起反抗。而牺牲的惨烈也是空前的，武装抗战的青壮年或者牺牲或者躲藏，活不下去的老幼只好自杀。青年女子则逃进城市谋生，被大恐怖追逐着的金枝，梦想着到城市缝穷挣钱，经历了各种屈辱之后，只好又败退回破败的乡村……萧红的民间历史视角，使她一开始最多关注的就是弱小者所承受的历史苦难。

就是在此后的故事叙事中，她最多表现的也是鳏寡孤独在历史劫难中的处境与精神情感的创痛，失去儿子的老人（见《旷野的呼喊》《汾河的圆月》《花狗》等）、惦念出征良人的女人（《朦胧的期待》）、被卷入侵略者阴谋受到暴力残害的孩子（《莲花池》）、贫苦无依的孤女寡母（《山下》），都是她寄情最多的人物。他们的苦难是整个民族苦难的微小局部，萧红以感同身受的平视角度，和他们一起在精神上受难，也和整个民族一起受难。有的时候，她甚至以仰视的角度，表现民众决绝的反抗精神和顽强的生命力。她在西北之行的途中，曾经向聂绀弩说，我的人物比我高，我不配怜悯他们，倒是他们更应该怜悯我才对。《生死场》受尽苦难的王婆生命力极其顽强，连服毒自杀都无法了结生命，儿子死了之后，又把复仇的种子种进女儿的心田，女儿也牺牲在爱国军中。《黄河》中的艄公和战士的对话，寄托了萧红对民族解放战争必胜的信心。在《“九一八”致弟弟书》中，她表达和弟弟在临汾擦肩而过的遗憾，却因为看见一群生龙活虎的小战士而毫不感伤，坚信“中国有了你们，中国就不会亡！”她以这样的方式，参与了民族历史的再造。

这样的历史叙事方式，不仅带来艺术的新颖和生动，同时也合乎人们认知发生的一般规律，比宏大的历史叙事更多了一重思维的主体特征，也补充了被历史元叙事中抽象了的生命内容。萧红借助这样的基本视角，有意无意地呈现了个体和历史连接的一般方式，普通人是从基本生存的切身感受理解和参与历史，既无法把握历史的运动，也无法掌控自己的命运，各种各样注定的悲剧是惨烈牺牲的伟大史诗中，最沉重的悲壮篇什。他们也同样是“历史的人质”，而且是被偶然性永恒操纵着的历史堆积层。

六

萧红以基本的民间历史视角，表现了外来文明强制性袭来的历史过程中，整个中国社会的崩溃，溃败成了她构画的历史图景中最触目的整体氛围。

她最早的家族叙事中，直述了对家族衰败的感受。《夜风》中的祖母张老太太当以她的继祖母徐氏为原型，她抱怨儿子们“……不知辛苦了多少年，才做了地主；几次没把财产破坏在土匪和叛兵的手里，现在又闹×军……”都是这个家族衰败的佐证。《呼兰河传》中，以一连串的意象，反复咏叹“我家是荒凉的”主题。萧红的父亲主要靠工资和少量地租、商业股金养家，子女多、开销大，家道正在滑坡。萧红的祖父去世之后，就已经开始卖地来维持捉襟见肘的日常开销，逢年过节的肉、粮和柴要由福昌号屯送。因为没分家，她的父亲有时还领着全家去就食。在《呼兰河传》第四章中，祖父母由器物引起的回忆，包括了一些家族旧交人家的毁灭，祖母年轻时代回门途中遭土匪抢劫、侥幸死里逃生的惊险往事；旧年开烧锅（酿酒作坊）印帖子用的木刻模板，记忆了家族败落过程中一个重要的情节。《叶子》中的莺哥是二姑母家的儿子，与《呼兰河传》中的兰哥当取自同一个原型，童年乘坐着豪华马车来奔丧，十年左右的时间，家道就已经败落到靠舅舅资助读书，父亲则以打柴为生。《北中国》中的乡绅之家，因为日伪的残酷统治与儿子离家抗战而散了心，日常生活也丧失了秩序，耿大先生指挥砍伐树木的情节是家族溃败的总体象征。在以家族为核心的泛乡土叙事中，衰败也是萧红叙事的重要主题，《后花园》结束于“后花园的园主也老死了，后花园也拍卖了”。

现代性劫掠的大趋势带来的溃败，是萧红表现的主要内容。由于外来资本风暴一样地席卷东北，二十世纪二三十年代的乡村经济迅速崩坏。一个地区流通着三种以上的货币，粮价低廉，成本骤增，物价腾飞，现代工业的兴起又使传统的手工作坊丧失了竞争力，加上战争与匪患，以传统农商为主要经营方式的乡村地主迅速败落。应对动荡时势，为了维护自己的利益，他们除了筑墙设炮台组织私人武装之外，还增加地租，把危机转嫁给农民，使贫苦农民的生活更加悲惨，激化了阶级矛盾与社会动荡，加速了乡村经济的破产。《夜风》和《生死场》中都有地主加租、减工资的情节，并且都激起了农民的暴力反抗。虽然由于各种原因失败了，但是可以看到农民无奈的激愤。王阿嫂的丈夫被地主放火烧死，她在生产之后与婴儿同时死去；《夜风》中孤苦的长青母子，靠给地主帮佣度日，贫病中还被克扣工钱，最后投入攻打地主庄园的×军队伍。关于当年萧红逃出福昌号屯的最早叙事，就是她劝阻大伯父不要加租，遭受毒打与关押，并且准备等她父亲来处死。近年来这一说法受到质疑，理由是她不当家，没有过问家事的资格。但是劝租的情节，合乎她当时“自觉革命者”的思想，而且，她也不用劝，只要私下议论一下，以她当时众矢之的的孤独处境，也会招致迫害。至于情节深浅的程度，则是另一个问题。

萧红从家族开始拓展到乡土的叙事，几乎生动地展现了乡村社会溃败的过程。《生死场》中的前七章，《麦场》和《菜圃》，都是乡村社会窘困而又相对平和的日常生活，最大的风波不过是生老病死之事，但是已经孕育着应对变局的求生欲望。以种粮为主的村民，曾受到种菜的前村人家羡慕。往城里送白菜的青年壮汉对王婆说：“……麦子是生财之道呀！”富于进取精神的赵三已经“感到养牛和种粮不足，必须到城里去发展”。《菜圃》中致使金枝受孕的成业，是以马车倒卖粮食为生。一如《红玻璃的故事》中母女两代的丈夫，都为淘金出走而音信全无；《牛车上》退伍的车把式，因为身无分文而放弃回乡的愿望，当兵的初衷也有破产之后求得温饱的急切生命欲求。《生死场》的叙事至第三节，就是王婆因为交不上地租，而不得不把老马卖进屠场。才有第四节《荒山》中，赵三等组织镰刀会起事的计划，失败以后又被东家讹诈，被迫卖掉唯一的耕牛，丧失了基本的生产资料。于是有了第五节《羊群》中编谷草鸡笼的举措，儿子平儿则当了放羊娃。平儿被主人辞退之后，和父亲赵三进城卖鸡笼，经济略有好转，能够买一斤肉回来，全家吃一顿像样的晚餐。但是，不久就因为市场饱和而作罢，平儿也只得再去放羊。城市挫败了他的“雄心”，通过转变生产方式谋生的愿望破灭了。第七节《罪恶的五月节》中叙述了两件事，先是王婆的儿子铤而走险当了“红胡子”，被官府捉去枪毙了，王婆因此自杀。赵三为服毒自杀的王婆买棺材再度进城，路遇的打鱼村车把式向他诉苦：“菜价低了，钱帖毛荒。粮食也不值钱。”“只有布匹贵、盐贵。”乡村经济萎缩的情状，已经直述了出来。第二件事是做粮食倒卖生意的成业，生意亏损，节无法过了，暴怒之下摔死了自己刚满月的女儿。这两个家庭的人物，从不同的角度指涉着破产的农民，命运的故事则演绎了他们不同的破产过程，其中成业的挫败更体现现代市场经济对小农经济的冲击。战前的乡村生活结束在《传染病》中，死寂的乡土社会浓缩在乱坟岗子的总体意象里。这个意象前后出现了多次，反复重申着乡村溃败的主题。

最后的崩坏是在十年以后，日本的入侵使村民们的苦难加速地发展，而且多了一重精神的磨难，乡村荒凉得像旷野。于是，有了第十三节《你要死灭吗?》开始，逐步自觉的抗日活动，反抗的精神以“盟誓”达到最高潮。牺牲也更加惨烈，往日蓬勃着野性活力的乡村成为一片死地，直至连二里半这样老实本分的农民，也由于家破人亡而放弃了心爱的山羊，跟上李青山，投奔了爱国军。萧红调动了各种艺术手法，叙述了乡村溃败的完整过程，为历史的断裂存留了最后的遗照，把整个民族在现代性劫掠中的巨大苦痛与各种挣扎和英勇的反抗，浓缩在一个中篇里，应该说是大手笔了。

从家族到乡土社会的溃败，都是在现代文明强制性袭来的历史劫难中，传统文明的衰落。萧红强烈地感受到这衰落，以各种人生的故事完成对于溃败的叙事。作为北部边城，呼兰是黑龙江最古老的五座城市之一，地处金代上京阿克楚勒城（今阿城）的北部，曾是京畿之地。雍正十二年（1734）筑城并设守卫（相当于团一级的军事机构）；同治元年（1862），在呼兰守卫制下设呼兰厅（在巴彦），为黑龙江最早的民治机构。有一江四水流经县内，冲积平原宜于农耕，呼兰城曾经是四通八达的繁华市镇，中东铁路的开通导致政治文化和商业中心的迁移，也取代了传统的河运与冬天的冰上运粮，加上经年的水患与1910年遍及东北的鼠疫，商业的繁华才迅速衰落下去。萧红《生死场》中的《传染病》和《蚊虫繁忙着》两节，分别以瘟疫和水患为中心事件，都有她叙述文明衰落的泛文本联想。

故乡小城的历史最直接地见证着古老文明的衰落，萧红浓重的乡愁便植根在这衰败文明的历史土壤中。《呼兰河传》第一章，以苦寒的季节开篇，大量的空镜头推拉摇移，展现了被强势文化冲击到边缘的古城萧条的景象：几条冷寂空旷的街道，一个随着季节盈亏涨涸的大泥坑，染坊和为匮乏经济的阳世生存准备的各种手工作坊和叫卖的小贩儿，为阴间设置的扎彩铺……不限于小城，涉及哈尔滨华人居住区的文章，都有破落的印记，《破落之街》是最典型的描述。就连她看到的外国移民，无论是被革命砍头的将军之子，还是来开拓生活的高加索农民，也和中国民众一样，承担着现代性劫掠中溃败的共同命运。1936年，旅居日本期间，看到漂浮在污水河上的破船中衣衫褴褛的女人孩子，她写信给萧军感叹，像上海的徐家汇，推测大概巴黎也有这样的河。对于现代文明的洞察，一开始就贯穿在萧红观察历史的目光中，而且有着跨文化的国际视野。而她讲述的年代，又在遍及全球的战争烽火之中，亲历了哈尔滨的战争沦陷和洪水倾城，目睹了上海的淞沪战争、武汉抗战与重庆大轰炸的劫后废墟，对于文明的思考关联着人性的追问，近于雅斯贝斯所谓“文明经受着考验”。由一种文明的衰败概括所有文明的衰败，是萧红历史叙事的互文性策略，她最终超越了种族立场，洞察到人与文明最基本的关系。萧红描述的破败与萧索的小城，最终沉入黑夜的荒野，只有乌鸦的叫声与孩子的歌谣，呼应着逐渐转暗的火烧云，在自然与生命生生不息的延续中，寄托了人类微茫的希望。

对于几代知识者应对危机的文化再造，她也以女性的弱势姿态保留了质疑的目光，写出了国运衰退的历史宿命中，新的文化思潮在衰败中的广大乡土社会，无声地挫败于文化心理因袭的强大力量。《呼兰河传》中火磨（电动粮食加工厂）和巨大牙齿广告的诊所分别指涉了生产方式与知识背景的外来特征与西学传入的时间刻度，当然落座在边陲小城已经是潮头退泄的缓冲时期，历史时间以器物的形式，空间化为萧条街市的零落局部。前者以陌生的器物引起神秘的猜想，演绎出荒诞不经的传闻。后者则带来普遍的恐惧、怀疑与抵制，现代商业运作夸张的宣传形式败给了以诚信为本、需要长远时间积累为资本的传统商业，女医生只好转业接生。迅速传入的西学在时间上败在悠久历史文化的荒原之中，其原因也和文化衰败导致的经济萧条有关，买小药医病适应匮乏经济中的民生水平。两所小学校所代表的新的知识体系，更是引起恐慌与愤怒的原因。校长的儿子掉进大泥坑，引起民众幸灾乐祸的解释，是因为不信天地鬼神而遭到报应云云。掌控着他们精神信仰的是通鬼神的萨满巫师、老爷庙和娘娘庙里泥塑的神像，通天地的佛与道，终极的主宰则是“天”。而这一切，又无力应对“巨劫奇变”中亡国灭种的巨大危机，衰败便是老旧中国无可逃逸的历史宿命。

裹挟到这历史时间中的空间是衰败的，纠缠在这历史时间激流中的人生也是溃败的。最靠近家族叙事的泛乡土社会的市民，都是贫苦无告的房客，他们是在溃败中挣扎求生的一群，在了无希望的生活处境中也不存希望，只盼望着能吃饱穿暖，不遭逢村民们所经历的极端铁血暴力，是不会奋起抗争的。而最日常的生存状态，则是在高天广地之下，生命顺应自然时序周而复始卑微地生息劳作，只有在呼唤神灵和祭祀天地鬼神的宗教仪式与节庆活动中，得到娱乐精神的周期性休息。持久的压抑带来施虐本能的恶性释放，小团圆媳妇的命运故事是最残酷的表征。而有二伯的生命则是了无痕迹的虚无，物质生活与精神生活呈现为一片空白的悲惨，即使反抗也无法撼动坚如磐石的私有制度造就的贫富尊卑观念，溃败便是命运的常态。《后花园》中的磨倌冯二成子，由暗恋、失恋开始的对人生意义的追问，则以接受庸常的生命状态为结局，精神的怀疑也是一种反抗，最后的溃败不仅在于世俗生活的伦理悲情——亲人一个个地弃世，而且还在于沉默地接受命运的全部苦难，在人生的溃败中年复一年地维持着基本的生产与生活方式。梆子曾经是古代报更的工具，他彻夜敲打梆子的声音，点染了传统文化的时间形式在溃败中的混乱状态，激情的敲打宣泄着被压抑的生命力无法勃发的苦闷，而稳定的节奏则是心灵在无奈中归于麻木的状态，梆子的声音折射出溃败中的乡土人生的情绪曲线，与机械钟表两相掺杂，也曲折地反映了衰败的传统文化基本秩序的混乱。

“五四”的启蒙理想，在民间的历史视角中，也呈溃败中的消散趋势，而被裹挟纠缠到文化时间激流旋涡中的女性人生，也基本以溃败为命运的总体归宿。萧红自己的奔逃之旅以死亡为终点是最好的证明，精神的抗争则是以渴望回家象征了失败的结局，临死之前，她最大的愿望是朋友把她送回家，“现在我要向我的父亲投降了，因为我的身体垮了”。萧红对于自身命运的不幸感怀是这如烟消散的精神一缕，从囚禁在福昌号屯感叹“生活的痛苦”“真是有如青杏般的滋味”，到倾诉情感创痛的诗歌《苦杯》与《沙粒》；从自叙小传《永远的追求与憧憬》中，回应祖父早年“快快长吧！长大就好了”的安慰，“长大是长大了，而没有好”，只能以对祖父的怀念和打捞母亲情感的碎片疗治心灵创伤，流露出“弃儿”一样的孤独心境；从最后的北平之行心里升起“破落的滋味”，写信给萧军，“我走的是败路”，到最后的遗言：“半生尽遭白眼，身先死，不甘，不甘……”“历史的人质”就是这样被历史的绳索牢牢地绑缚着。

连接着她与广大人生的是沉沦在衰败乡土中的女性生命的挣扎与溃败，《生死场》中打鱼村最美丽的女子月英，久病之后惨不忍睹的状况，三个女人痛不欲生的生产经过，都在生物性的层面上，揭示了传统文化制度中，女人像动物一样的可怜处境，甚至抵不上动物的经济价值，“五四”话语中“人的价值”的呼唤，是她精神的资源。金枝盲目地受孕，生产的痛苦中多了一重精神的刑罚，丈夫暴怒导致女儿夭折之后，便不见踪影。“到都市里去”的求生欲望，在躲过异族士兵的惊险插曲之后，又陷入凶险都市的恐怖之中，最终因为被一个同胞男性强暴，只好又退回破败的乡村，她想逃避现实的苦难，而尼姑庵也在溃败中关闭，女性最后一个安放身心的文化空间也消失了。

金钱至上的大都市也因此具有了双重的指涉意义，对于以一整套传统伦理观念维系的古老乡村社会来说，它是罪恶的渊薮。金枝最初的感受是“生疏、隔膜、无情感”，继而是因为无知而受到其他缝穷婆的嘲弄，感到哈尔滨的敌意，比照出“乡下姐妹很和气”。《看风筝》中革命者刘成的妹妹，死于工伤而得不到厂主的抚恤金。《哑老人》的女儿小岚是被女工头毒打而死，原因是她经常要回家看望瘫痪的祖父。乡土情感遭遇了现代性，首先在机械的时间形式上囚禁了自然生命，隔绝了伦理情感。现代性的劫掠是以对自然生命最大限度地榨取为目的，乡土人生首先溃败在时间形式的扭曲中，继而是生命残酷的消损。现代大都市同时又昭示着一线求生的希望，是许多乡土青年逃离溃败乡村与旧的意识形态束缚、追梦现代文明、人生远航的港湾。莺哥穿的学生装是现代文明的文化符码，引领着萧红和家里持续斗争一年，最后以骗术争得到哈尔滨读书的一线生机。《夏夜》中被祖母管得喘不上气来的菱姑，幻想着逃出受气的家庭，到工厂做工也能养活自己。萧红由此感叹：“可怜的菱姑她只知道在家庭里受压迫，因为家中有腐败的老太婆。然而她不能知道工厂里更有齿轮，齿轮更会压榨。”《小城三月》中的翠姨，有进入现代文化之心，而无挣脱传统文化之力，只能在与“洋学生”堂兄无法言说的爱恋中满怀幸福地抑郁死去。

进入了现代文明生活的女性，在萧红的基本视角中，呈现的也是溃败的悲剧命运。萧红在中学期间反感于学校淑女式的严格管理制度，称之为“密封罐头”，因为参加学运而险些被校方开除。女性与现代文明的关系，是她的基本视角中尤其关注的部分。在《烦扰的一日》中，她叙述了一个都市女性琐碎忙碌的日常生活。《渺茫中》的妻子，要忍受隔壁房间中，革命者丈夫和另一个女人相会，在丈夫离去后的漫长岁月中，独自孤苦地抚养幼小的儿子，还要应答儿子关于父亲的追问。在传统和现代的夹击中，知识女性的命运也只有人生溃败的结局。至于现代知识男性的虚伪，更是她从写作伊始就不断调侃的对象。至《马伯乐》而发展到顶点，文化与性的关系，也是她跨越城乡的生命故事共同的主题。现代文明并不能根本解决永恒的两性问题，王阿嫂、金枝与小团圆媳妇们的悲剧人生，以另外的方式重现在知识女性的命运中，只有程度的差异，连缀的关系转变为聚合的关系，溃败的必然处境使她们承担了历史的又一重宿命。萧红穿越文明的目光，一开始就以自身的处境推及女性的生存，发现了传统与现代性别政治的同构关系。

家族的溃败、乡土的溃败、文明的溃败，在萧红的文本中，最终都是以人生的溃败为焦点，讲述现代性劫掠的巨大历史灾难带给整个民族的苦痛与牺牲，而她借助民间的基本历史视角，则以众多的生命故事连缀起历史破碎的图景。其中最生动的一个是萧红自己的生命故事，由“历史的人质”到历史的见证人，由“自觉的革命者”到文化的质疑者，一个溃败历史中的女祭司，以血写的生命故事完成了对历史的超越，成为现代性劫难中悲壮史诗的词语，和民族的伟大精神一起，镌刻在人类抗争暴力的纪念碑上。

第三讲　天命：卑微生命的浑融信仰

——萧红文学的泛文本知识谱系

萧红生活在一个新旧杂陈的时代，外来文化以新的时空形式崛起在她的家乡附近，故乡小城呼兰与五方杂处的国际化大都市哈尔滨隔江相望。传统的文化思想在困兽犹斗的挣扎中，随着政治经济的衰败而逐渐瓦解，但是又“死而不僵”，强有力地操控着民间的思维与行为方式。得风气之先的乡绅之家，最早感受到民族危亡与文化衰败的厄运迅速变通，维新的风气是她成长最初的意义空间。但与广大而沉默的乡土社会比量，这个狭小的意义空间只是孤岛一样的存在，而且以亲族血缘等方式浸淫在乡土文化的无边包围中。尽管她接受了新的文化观念，但是从日常生活、人生抉择到家国大事，无不和乡土社会砥砺纠缠、难解难分，民间思想比家庭的文化氛围更柔韧有力地包围着她。民间思想对于她还有一重精神的强迫，深入无意识地影响着她关于自我与乡土的叙事。她以“五四”新文化为坐标，对民间思想进行了深入的辨析，在批判的认同中完成精神的自我确立，这就是探讨她泛文本知识谱系的意义。

一

萧红祖居的呼兰小城，是一个多民族聚居的古老边城。最早的原住民是属于肃慎、东胡与抚馀三大族系，发展为近代的满族、蒙古族、朝鲜族、锡伯族、鄂温克族、达斡尔族、赫哲族。在漫长历史的政权更迭中，他们基本都以渔猎游牧为主要的生产方式，信奉泛神的萨满教，保留了巫术的仪式活动。最早的汉族居民主要是逃亡的遗民与发配的流民，他们带来中原汉族的文化艺术与宗教信仰。交通的发达使之成为商贸繁荣的市镇，回族等民族又带来了伊斯兰教。尽管为了保持满族的风俗、朝廷的军力与皇家的贡品物产等原因，有清一代实行了近二百年的封禁政策，大批山东、河北破产的农民还是不顾禁令，翻山越海，爬过柳条边墙，到黑土地上来谋生，这就是所谓的闯关东。他们带来了农耕的文明，也带来了家族制度等汉文化的礼仪风俗，逐渐取代了原住民文化的主流地位。而现代文明以铁血暴力登场，又"以基督教征服中国"为梦想，19世纪末那里就建起了仿照巴黎圣母院的天主教堂。

在这样层层的历史文化累积中，呼兰民间历来宗教文化兴盛，佛教、道教、伊斯兰教、天主教，都有自己活动的场所，此外，还有文昌阁、城隍庙、龙王庙等，具备所有封建城市的文化设施。这里文风昌盛，涌现了不少著名的文化名人，其中有著书论史的富永阿、崇尚儒学的乌珍布、藏书数千卷的舒昶等文化名人。光绪改元以后，推行科举考试制度，呼兰城里大兴官学，遂有"江省邹鲁"的美名，在文化教育上也被誉为"甲于江省"。和中国所有的地方一样，两个精神的世界重叠在一个空间中，士大夫的文化理念与民间浑融的实用性信仰，并行不悖地存在发展，大传统中容纳着多元的小传统，民间的生活世界丰富多样。而西方文明的侵入，又使两种文化时间形式犬牙交错，撕裂了自我完足的文化系统。呼兰城虽小，也承受着近代中国共同的文化命运。

萧红的童年经验，就是建立在这样的历史文化的罅隙中，所有文化宿命的症结都浓缩在她独特的家庭环境里，形成她对世界的初始情景和终身记忆。作为山东逃荒移民的后代，和所有汉人一样，张家有着极强的家族观念，祖先崇拜是最基本的信仰，暴富起来之后，便要修家谱，强化宗族的制度以增强凝聚力。从她祖父那一代开始，就以一首诗排辈，有着极严苛的家规家法，规定子弟只许读书不许出仕，以诗书礼仪治家，确立了耕读的家风。萧红的祖父张维祯年轻时读过十几年诗书，口授萧红的《千家诗》是私塾开蒙的主要教材。在萧红的笔下，他是一个蔼蔼儒者的形象。儒家“仁者爱人”的理念充分地体现在他的行为举止中，他喜欢儿童，喜欢和他们重复开一些无伤大雅的玩笑①。他把儿子强行拉来抵债的马，从车上解下来还给欠租的贫穷房客。他不善理财，终日闲着，只是负责擦地椓上的一套锡器。这套锡器应该是一套礼器，除夕祭祖是张家一直保持的礼仪②。他非礼勿视、非礼勿听、非礼勿言，对于冯歪嘴子和王大姑娘的非婚结合不置一词。他“不言乱力怪神”，对于跳大神和巫术一类民间信仰极为反感，对于虐待小团圆媳妇的老胡家不以为然：“二月里让他搬家。把人家的孩子捉弄死了，又不要了。”他还会用放大镜在阳光下点火，会用模板印帖子，精通其他一些物理，很有些儒者“格物致知”与“君子不器”的风范；他喜欢在后院种植蔬菜花草③，又很像陶渊明式归田园居的隐者。萧红的外祖父则是呼兰著名的塾师，精通四书五经，擅长八分体书法，人称姜大先生。他在家教授子女读书写字，为女儿择偶的标准是“门当户对，能读书”。萧红父母的婚事是真正地合张姜两姓之好，强化着耕读的文化传统④。

萧红的父辈，几乎都顺应时代的文化潮流而维新。萧红的父亲张廷举三岁丧母，十二岁过继到二伯父张维祯家。他坚持到省城齐齐哈

---

① 萧红．呼兰河传［A］．萧红．萧红全集（下卷）［M］．哈尔滨：哈尔滨出版社，1998。以下萧红作品，如未注明，均出自此版本。

② 张秀琢．重读《呼兰河传》回忆姐姐萧红［A］．孙茂山．萧红身世考［C］．哈尔滨：哈尔滨出版社，2003。

③ 萧红．呼兰河传［A］．萧红．萧红全集（下卷）［M］．哈尔滨：哈尔滨出版社，1998。

④ 李重华等．萧红外传［A］．李重华．呼兰学人说萧红［G］．哈尔滨：哈尔滨出版社，1991。

尔读新式学校至师范毕业，秘密加入国民党，秘藏孙中山的画像，响应五四运动砸了祖师庙里的祖师牌位，提倡女学，主办女校，成为呼兰教育界的头面人物。他让子弟进新式学校，在家里倡导男女平等，鼓励子女读书上进。家里不贴灶王爷的画像，春节祭祖只是应付过场[①]。他的亲大哥、萧红的大伯父张廷蓂也是一个兼容新旧的人物，他继承张家祖业到荒僻异乡再度开拓，使颓败的家势得以中兴，并且娶孔公之女，视“宦途如河海”，巩固强化着耕读的家风。他通俄文，大概涉足洋务。他通翰墨、喜丝竹，性格英豪坚毅。长兄如父，他经常到呼兰帮助不善经营的张廷举管家，成为萧红童年唯一崇拜的精神偶像[②]。萧红六叔张廷献在北京读国民大学教育系，毕业回到哈尔滨任税务官，成功地经营各种现代商业，在道外水晶街有半条街的店铺。

几位男性家长体现着儒家文化向现代文明，从生活方式到知识谱系的成功转型，给萧红提供了独一无二的文化环境，也奠定了张家在呼兰新党乡绅的地位。萧红晚期对于早年家庭的文化气氛，有着细致而张扬的描述。《北中国》里的耿大先生原型取自父亲张廷举，环境是呼兰老宅，客厅里挂着威尔逊、拿破仑、林肯和华盛顿的画像，每天早饭之后，他要对所有子弟逐个介绍一遍，还要大孩子背一遍，让小孩子指认。“他的思想是维新的多了，他不迷信，他不信中医。”“他说什么是神，人就是神。自从有了科学以来，看得见的就是有，看不见的就没有。”唯物主义的世界观是他思想的核心，共和民主是他的政治理想。伯父则为子弟讲解古文，熟读《西厢记》和《红楼梦》[③]。张家的青年男性都到哈尔滨和北京读书，回来大谈男女同校的见闻，叔叔还和女同学通信。所以这个家庭都“咸与维新”起来，家庭气氛自由轻松，“一切都很随便的，逛公园，正月十五看花灯，都

① 孙茂山. 萧红身世考［C］. 哈尔滨：哈尔滨出版社，2003。

② 见萧红散文《镀金的学说》。

③ 见萧红散文《镀金的学说》。

是不分男女一起去”。大伯父经常在家里召集音乐会，所有的人都可以参与演出。家里还设了网球场，一天到晚打网球，亲戚家男孩子来了也一起打[①]。在萧红的笔下，这完全是一个开放的现代文化家庭。

混合着各种实用信仰的民间思想则以女性家长的言语行为，顽强地遗存在这个维新的家庭中，成为萧红成长晦暗而深厚的底色。祖母范氏“很是迷信，跳神赶鬼”[②]，代表了民间的信仰。她言语刻薄，在家里掌管一切。所有姜家亲属对她的叙述，都是一个好走动、神神道道，精明能干，很神通的人[③]。她给萧红起的乳名是荣华，为长孙起的名字是富贵，她居室器物摆设是艳俗的民间文化品味与西洋物质文明的杂糅，三只不同外观的钟表，体现了她趋时的趣味。有一种传说，她的哥哥是某地的督军，在长期军政合一与兵戎频仍的东北，军人的权势是至高无上的，她的性格与品位便也不足为怪。她体现着民间文化传统中经验的智慧，用针吓唬萧红的细节[④]，最初的目的是惩戒，以阻止她捅窗户纸的调皮行径，结果弄假成真扎着了她的手指，成为萧红最初的创伤记忆，足以说明这一点。她的精神世界更接近萨满巫术等原始宗教，各种文化禁忌都体现着民间实用化的神秘信仰，功能是永葆“荣华富贵”。萧红直系的继祖母徐氏（六叔之生母）则主要是信仰佛教，“胡匪”来袭击张家阿城福昌号屯土围子的时候，她恐惧得烧香拜佛，向佛爷祷告[⑤]。萧红的母亲是乡村妇女中的佼佼者，幼从父读书，女红出色，出嫁以后又恪守妇道，勤谨理家，是儒家女性规范的楷模。她对女性人生的想象力也超不出自己的经验世

---

① 见萧红短篇小说《小城三月》。

② 见萧红小说《北中国》。

③ 王化珏．访萧红亲三姨93岁老人姜玉凤［A］．孙茂山．萧红身世考［C］．哈尔滨：哈尔滨出版社，2003。

④ 张秀琢．重读《呼兰河传》回忆姐姐萧红［A］．孙茂山．萧红身世考［C］．哈尔滨：哈尔滨出版社，2003。

⑤ 见萧红小说《夜风》。

界，对萧红管束很严，一直不让她读书，留在家里看孩子[1]。她被妇道压抑的精神，主要靠信奉佛教来舒展，遇到紧急情况便会求佛拜祖[2]。萧红的继母是满族格格，没有受过新式教育，最原初的信仰当为流行在通古斯社会的萨满教，进入张家以后，转而信奉道教，有时遇事会请道士说法[3]。萧红在《小城三月》中，叙述了一个继母亲属满族婚礼的场面，以“繁华”为中心词，当为融合了汉族文化的京旗之家，是乾隆七年（1742）开始从关里回迁屯垦的旗人，呼兰人称她的继外祖父为“梁三爷”，张氏族谱记载梁家“殷富”，都可以作为佐证。她的继母接受道教，也就不足为怪了。

这个家庭三位主要男性家长，成为赓续变通着儒家正统文化精神的坚实支柱，而一家三口女性长辈，则几乎牵连着所有沦入民间的传统文化思想，而且文武坤乱不挡，有机地融合为日常生活神秘的心理氛围，性别的差异在生物学之上，还有文化思想的明显冲突，善于变通的士大夫文化理念与民间思想的冲撞与磨合，凝缩在萧红童年的家庭氛围中。萧红自幼由祖父抚养，讨厌祖母，崇拜大伯父，和父亲与生母姜玉兰的关系很疏远，和继母的关系也多处于紧张状态，对于继祖母徐氏更是无比厌烦。其中除了感情的原因，还有意识形态的对立。这种对立不仅仅是思想的分歧，而且直接影响到她人生的命运。隐瞒萧红的生日，原因是迷信祭日出生的孩子不祥。母亲的恶言恶语中，是否也接受了起于先秦的谶语暗示，恶月恶日出生的孩子男杀父、女杀母。三岁时祖母就把她定给鬼神忌惮的军门，是否也有化解不祥的动机。而求学的阻滞，首先来自神秘的婚约，端午节像咒语一样，在萧红实际的人生与虚构的文本中，都带有划分生死界限的时间

① 张抗．萧红家庭情况及其出走前后［A］．孙延林．萧红研究（第一辑）［C］．哈尔滨：哈尔滨出版社，1993。

② 见萧红散文《一九二九年底愚昧》。

③ 张秀琢．重读《呼兰河传》回忆姐姐萧红［A］．孙茂山．萧红身世考［C］．哈尔滨：哈尔滨出版社，2003。

性象征意味。萧红的思想追随着父辈言行与新式教育所体现的“五四”民主科学的精神，并且朝着这个方向寻找思想自由的空间，祖母一死就闹着搬到祖父屋子里住，偷了家中的食物跑出去找穷孩子们同吃同乐；在哈尔滨左翼文化沙龙牵牛坊的除夕之夜，她的朋友们玩戏仿祭祖仪式的游戏[①]。

另一方面，家庭中处于边缘的女性亲属，又连接着广大的乡土社会底层民众的生活世界，是张家日常生活的主流意识形态，以言语的精神强迫有力地惩戒规训制约着多数家人的思想行为。女性作为朝夕相处的亲属，在家的狭小空间中，对于萧红思想的强迫比男性亲属更直接更有力，她们的宗教知识以琐碎的言谈压迫着萧红，理性的排斥无法阻挡沉积在无意识中的巨大影响，民间传统文化遗存的各种信仰与禁忌，成为萧红最深刻的心理纠葛，一再以数字的方式呈现在文本中，释放出内心深重的压抑感。《生死场》中《罪恶的五月节》两桩杀子的叙事，《呼兰河传》中三岁被祖母用针刺痛手指的细节，更像是生日禁忌和不可言说的婚约在文本中的变形替代[②]。

这种文化精神分裂着的家庭关系，比血缘的复杂更深刻具体地形成萧红的童年经验，形成了她文学泛文本的知识谱系。

二

民间生活的世界一直都是萧红关注的主要领域，尽管呼兰文风昌盛，但是在她的叙事中，没有出现过一个具体的传统乡绅式的人物，大量的形象是和寻常草木一样自生自灭的卑微生命，而且是近于没有戏的日常生活故事。除了祖父之外，没有一个儒者的形象。只在《呼兰河传》中，有一个不出场的清朝翰林，作了一首歌，“溯呼兰天然森林，自古多奇才”，用以反讽老胡家虐待儿媳的愚昧暴行。传统的

① 见萧红散文《几个欢快的日子》。

② 可参见拙作《萧红身世之谜》。

文化精神多是以负面的形式，影响着普通人的命运。

《呼兰河传》第二章列数呼兰民众的精神壮举，首先就是跳大神。这是萨满教的遗存，宇宙观、自然观、社会观都被遗忘，只有巫术的仪式保留在贫瘠的民间社会，用来治病禳灾，因为一男一女对答歌舞，又成为民间的娱乐活动，具有人类学家所谓心理治疗的功能。在东北泛神的萨满教神祇谱系中，狐仙是外神①，跳大神是为神灵代言、模仿想象的狐仙附体与解说攘除办法的仪式；在中原的中古时期，狐仙的神话也带有灵异的特点，大概还有图腾崇拜的性质。萧红在《呼兰河传》中，把跳大神的基本场所设定在胡姓房客家，互文性的叙事策略潜在地暗示着图腾的意味，也就浑融了两种文化的功能，跳大神的活动已经不限于通古斯原住民，在汉族民众中也广为流传。为了治小女孩发育过早与不懂规矩的“病”，她吝啬的婆婆前后花了五千多吊钱，“偏方、野药、大神、赶鬼、看香、扶乩，样样都已经试过”，所谓有病乱求医。小团圆媳妇最终死于儒家妇道、萨满巫术、道家妖言与江湖野郎中等浑融一体的愚昧信仰，民族政治迫害的集体无意识场景，以多种意识形态的邪恶力量呈现出来。而民众被压抑了的善良精神，则以新的传说替代各种意识形态的残酷想象，缓解内心的罪恶感与羞耻心，每当阴天下雨，冤魂枉鬼聚集在龙王庙侧的大桥下哭泣。小团圆媳妇在新的传说中变成了一只大白兔，“隔三岔五就到桥下来哭”。白兔在中原文化中是月神的化身，也指涉善良与温顺的语义，小团圆媳妇从“需要去出马跳神的狐仙旁边人”向“大白兔”的传说转身，有着民族集体无意识的自我调节功能，也有较为温和的中古中原民间文化对残酷巫术等民间信仰的精神矫正。而冯歪嘴子与王大姑娘的结合，在底层男性如老厨子、有二伯者流，是不能理解和容忍一个好好的姑娘不嫁给有钱的人，而嫁给一个穷磨倌儿，只是根深蒂固贫富尊卑的阶级意识，以及无意识中的性嫉妒。对于乡

① 色音．东北亚的萨满教［M］．北京：中国社会科学出版社，1998：46。

土社会的无知女性，则是以为她伤风败俗，不合婚嫁礼仪，以显示自己道德精神的优越，这是儒家礼教的偏见。受到掌柜的太太怒骂的原因："破了风水了，我这碾磨坊，岂是你那不干不净的野老婆住的地方!""青龙白虎也是女人可以冲的吗!""……从此我不发财，我就跟你算账……"这"义正词严"的愤怒中，包括了女人不洁的原始巫术信仰，封建礼教的贞操观念，道家天神护卫平安的说法，以及由此带来的财货运道的迷信，也是浑融了各种原始思想与中古宗教的实用性信仰。王大姑娘因难产而死，"大庙不收，小庙不留"，成了"游魂"。浑融的实用性信仰，无疑是以女人为残酷牺牲的。就连《生死场》中的侵略者也把产妇的肚子破开，去破义勇军中的"红枪会"，不知是出于同文同种的共同巫术信仰，还是丧心病狂之后，接受汉奸挑唆采用的本土巫术形式。打鱼村最美丽的女人月英瘫痪之后，丈夫替她请神，烧香，到土地庙前索药，还跑到城里的庙去烧香，可谓诚心诚意，但是香火和鬼神都没有治好她的病，丈夫觉得已经尽了心，从此不再过问，任凭她痛苦地死去。浑融的信仰，也是逃避现实责任的心理屏障。《呼兰河传》中定了娃娃亲的男家如果败落，女方不但不得退婚，而且要被迁怒，认为是女子妨的，嫁过去要受婆家的折磨。

放河灯的七月十五盂兰会，是佛道两家祭鬼的日子，放河灯是为了给地狱中的冤魂怨鬼照出托生的路，是集体的精神心理治疗，而免得搅扰活人安宁则是实用性的目的，这也同样有缓解内心愧疚的疗治功能，鬼神的信仰与超度仪式沟通了阴阳两界，是所有传统宗教理解生死的共同心灵逻辑。只是由此派生出新的愚昧想象，这一晚出生的孩子是野鬼托生的，不被家人喜欢，订婚要隐瞒生日，除非家有充足的财货，一如"有钱能使鬼推磨"。河边的道场由和尚道士联袂演出，笙管笛箫的音乐烘托着虚幻的场景，最直接地体现着民间信仰浑融的特征。四月十八的娘娘庙会是道教的节日，主神娘娘当为道教的碧霞元君，女人祭拜的目的是讨要子孙。就是这一女性的节日，信众也先要去拜祭关公的老爷庙。这个起于民间的神祇，因为从宋代起就不断被官方追封，至清代已经与文圣孔子并列，成为武圣，既体现着儒家仁、智、义、勇的道德人格，又主财运，被道与佛所认同，是一个掌管着世俗荣辱与贫富尊卑的大神，横贯儒释道三教，他体现着官方对民间思想的容忍与修正方式，实用而且高度整合划一，比单一功能的娘娘自然更值得花钱祭拜。性别的歧视中，有着世俗权利的轻重权衡，也呈现着民间信仰超越具体功能的浑融方式。

感谢天地的野台子戏最直接地体现着农耕民族的自然崇拜。丰收之后，是为了感谢老天爷赐予风调雨顺的好年景，对于自然的敬畏早于一切宗教的信仰，也高于一切宗教的信仰。干旱祈雨成功，是感谢龙王普降大雨的恩情[①]，龙王则感动于人祈雨的虔诚与劳苦而降雨，其中有着天人感应的观念。这样的世界观深入民间的思想，使他们对科学理性的自然知识都本能地抵制。农业学校校长的儿子掉进大泥坑，是因为学堂设在龙王庙，冲了龙王爷了，龙王爷要降大雨淹死这孩子。或者是校长对学生说，天下雨不是在天的龙王爷下的雨，没有龙王爷，气坏了龙王爷就捉他的儿子实行因果报应，佛教的思想渗透其中。还有就是学生不像话，多有对龙王爷不敬的举动，龙王爷不是白人，惹了他能不报应你吗?！由此推断，有孩子千万上不得学堂，一上学堂就天地人鬼神不分了[②]。萧红发蒙的小学就俗称龙王庙小学，她的父亲曾经当过那所小学的校长，最古老的自然崇拜与泛神信仰，一开始就以民众舆论的方式挤压着她的精神，也造成了新党张家在呼兰的孤立文化处境。

依据靠天吃饭的基本生存法则，农耕民族敬畏天命就是顺理成章的事情。寒冬里赶马车的汉子，在没有道路的雪原中，是靠三星来分辨方向。二月开春的时候，“农民们蛰伏的虫子样又醒过来”，挑担推车送粪。农耕经济对于自然规律的依赖，是无法动摇的绝对天道。二

---

① 见《呼兰河传》第二章。

② 见《呼兰河传》第一章。

十多岁的小学生，写家信在询问家人安康之后，必要有地租、大豆行情与出售与否的家政，背负着传统的生存伦理去汲取新文化知识。加上历来统治者的为神道设教，强化着人的渺小感，精神只好臣服膜拜在自然的无边法力之下，顺从季节卑微地生存，冬棉夏单、生老病死，大自然的威风“与小民无关”。只有一些原始的信仰保留在童谣中：“乌鸦乌鸦你打场，给你二斗粮……”乌鸦自古是太阳的象征，金乌玉兔是日月运行的神话想象，在满族文化中更是吉祥的保护神，宫殿里设有常年挂食饲养乌鸦的神杆。如期飞过小城头顶的乌鸦，犹如自然的信使，它们带走白昼的一切，小城便沉入黑暗的无边荒野之中，文明极其孱弱地依存于自然规律的无边法力。萧红对民间思想的观察，是以人与自然的基本关系为框架，探寻民间的精神信仰赖以形成的客观条件。

三

在这样严酷贫瘠的生存环境中，天命是综合着所有意识形态的整体观念，或者说是所有信仰的终极源头，无论贫富尊卑，无论具体的信仰与仪式，最终的权威都是天——自然的力量衍生出来的绝对主宰人格神。尽管取代以占卜问神而以人事修德敬神的天命观，早在春秋时代就已经崩溃，但是碎片以语言的方式积淀在民间的思想中。各大思想家以不同方式重新阐释天命，以应对这信仰的虚空，解决世界人生的基本问题，但是对于无知且无助的小民来说，天仍然是浑然一体的终极威慑力量，天命则是民间一直信奉的观念。“天”在老子是世界万物的本源，天命便是顺从这根本；在孔子是“天何言哉？四时行焉，百物生焉，天何言哉”，进一步的通俗化，就是“死生有命富贵在天”；在荀子则是“制天命而用之”。这些思想又都可以追溯到更古老的易，颠倒了的乾坤两卦，在简易、变易与不易的术数演练中，展示着自然人事的神秘，预卜推想吉凶，覆盖统摄着知识者与民间的两个世界，前提都是对天的敬畏，对命运的臣服。而外来佛教本土化之后则以因缘果报，为修正天命提供了可行的希望。这种历史的沿革使不同分工的华夏诸神谱系繁杂，而精神血缘又混淆不清，形成偶像崇拜的多种仪式，然而又都不曾超越最古老的“易”之终极思想源头。

萧红对此深有感触，无论是童年继母请道士所着道袍的符号，还是民间装饰的基本纹样，都透露着影响的深广与精微。她在散文《女教师》中，记叙了在哈尔滨商市街的一件真实往事，萧红为之当家教的女学生拿来几个字求她辨认讲解，她分辨不清，萧军认出是《易经》上的字，学生说是批的八字，谁都看不懂，特意请有学问的先生看看。萧红自然也说不出所以然，学生从此不来上课。写于1939年的《黄河》，在流亡中挣扎的艄公阎胡子，与邂逅的战士分手之后，激动地抚弄着锅饼上突起的花纹，“那花纹是画的‘八卦’”“他还识出了哪是‘乾卦’，哪是‘坤卦’”。并且由此得到中国必胜，老百姓一定能过上好日子的信念。天命以普通人无法洞悉的神秘，牵引着无数卑微生命的膜拜，也鼓舞着他们顽强达观地生存。这就是萧红对民间思想历时性的发现，以及在全民抗战的历史情境中，对民族远古精神的敬畏。

萧红的祖父有着陶渊明“乐夫天命复奚疑”式的散淡，而父辈则有着“制天命而用之”的自信与果敢。连接着广大民间社会的女性家长，则是以“无有不信”的虔诚，膜拜象征着天命的所有神祇与迷信所有的谶语。女性家长所融贯的民间思想，以各种方式进入萧红的童年生活记忆，凝缩在文本的语言细节中。《生死场》中，乐天知命的本分农民二里半相信征兆，对天命的敬畏体现在日常细节的敏感中，其中便有了谨慎保守的人生态度。王婆服毒假死之后，平儿去报庙，回忆当年生母去世也曾去报庙；《呼兰河传》中，萧红的祖母去世之后，家人也要去报庙，可见无论贫富，死的问题都要归神（也就是天）来管理。制作各种丧服，是亲属关系远近的文化制度性仪式内容，而炸打狗馍馍则是对死后世界的丰富想象，从天命大行其道的上古时代流传至今，汇入佛教因果报应的思想之后，具象为地狱的形式。

这样的天命信仰，简化了思想家们的睿智，渗透在萧红所有故事的民间思想中。《生死场》中传染病的流行与外国医生修理机器一样的医疗措施，带来村民们的惶恐疑问：“……这是什么天象？要天崩地陷了。老天爷叫人全死吗？”“天要灭人呀！……老天早该灭人啦！人世尽是强盗、打仗、杀害，这好似人自己招的罪……”完足的生活世界与文化世界被撕裂，所有浑融实用的精神信仰与文化制度都无法抵挡洪水猛兽一样的外来文化，被暴力摧残得活不下去的村民，对天盟誓抗暴的仪式中，所有的人都“曲倒在苍天之下”，在号啕的哭声中，“苍苍然蓝天欲坠了！”“人们一起哭向苍天了！人们向苍天哭泣。大群人起着号啕！”苍天与哭声反复出现在叙事中，显示着原始信仰在民间的强大凝聚力。这种凝聚力是超越生死的，因为最卑微的生之希望也被粉碎，反抗的正义性便凸显出来，所以去敢死，“若是心不诚，天杀我，枪杀我，枪子是有灵有圣有眼睛的啊！”凝聚力来自对于至高无上的天的敬畏，所谓的“诚”是超越所有文化制度的基本伦理精神，违背了就要遭天谴。

在这样极端的事件之外，更寻常的理解，天命是建立在道德规范的自律性之上。在民间的信仰里，老天爷主宰着一切，不仅是风雨雷电，并且依照所谓的天道象征的伦理秩序与道德法则，奖惩人类的行为。在《放火者》中，萧红记叙了亲历的1939年5月12日重庆遭受的日机大轰炸，她被几个老人招呼到铁狮子下边，恐惧的避难者反复地自我安慰：“我们坐在这的都是善人，看面色没有做过恶事，我们良心都是正的……死不了的。”“看面色，我们都是没有做过恶的人，不带恶相，我们不会死……”可见善有善报恶有恶报的佛教观念与天人感应的中国思想，作为民间的天命信仰所起到的心理安慰作用。《烦扰的一日》中绝望的老乞丐，在饥寒交迫中挣扎在死亡线上，“他向天跪着，他向天祈祷”。萧红强烈地感受到社会崩坏的时代，天命是无助之人最后的精神归宿。当然，天命观中最消极的皇权思想，则是臣服于奴役者卑屈情状的理念基点。萧红对此深恶痛绝，莫过于在外来暴力的淫威之下，溃败中的乡村，被苦难折磨得绝望的无知民众，接受日伪的强大宣传攻势，以为"'王道啦！'日'满'亲善啦！快有'真龙天子'啦！"从一开始，萧红对于民间天命观的发现就有多层次的心理内容，焦点就集中在民众精神的两重性，可以从原始的思想出发抗争，也可以从原始的思想出发屈服。

萧红以五四"人的精神"理想，洞察到在这样的天命观中人是没有意志的，生老病死都是最高主宰决定的命运，人们只能无言地承受，生命的价值卑微如草芥，时间的推移只是生死的不断轮回而已。卑微的生命只有安贫节俭谨慎度日逆来顺受，"你说我的生命可惜，我自己却不在乎。看着很危险，我却自以为得意。不得意怎么样？人生是苦多乐少"。面对自然的灾害，只有以贿赂的方式祈求，大雨之中往河里扔几个铜板，为了让嘴馋的河神高兴，就不淹活人开荤了。生的无望只有借助死后的想象来填补，在《呼兰河传》的第一章，萧红用了一大段文字，描述了扎采铺的情景，内容是农耕经济中一应俱全的地主家宅，而且不分季节，"是凡好的一律都有，坏的不必有""穷人们看了这个竟觉得活着还没有死了好"[①]。只是主体缺席，说是谁的家宅都可以，严苛的文化制度是比自然力量更强大的精神压抑力量。萧红洞悉了天命观衍生出来的文化理念，只有空虚的形式与极端消极的人生态度。

在这样的天命观中，死的问题似乎解决得很好，而生的问题则极端严重。活着只是为了吃饭穿衣，没有其他的价值。所谓的伦理亲情，在匮乏的经济生存中，也无比脆弱："母亲一向是这样，很爱护女儿，可是当女儿败坏了菜棵，母亲便会爱护菜棵了。农家无论是菜棵，或是一株茅草也要超过人的价值。"[②]小团圆媳妇死了，在有二伯看来就像一只鸡死了一样。王婆叙述第一个孩子死的时候，因为是农

---

① 见《呼兰河传》第一章。

② 见萧红《生死场》。

忙而顾不上难过。因为，“死人死了，活人们计算着怎样活下去”“生命唯一的价值只是物种的延续，就是像动物一样的繁衍，成业对金枝只是被本能支配着动作一切”。三个生产的女人，是和动物一起痛苦地呻吟，母畜在生产后可以恢复出健壮的形体，而女人却因为育婴与繁重的家务而更加消瘦下去。至于生病更是灾难性的命运，打鱼村最美丽的女人月英瘫痪以后，在“好像佛龛”一样阴暗的屋子里，犹如“坐着的女佛”。她的男人终于伤心厌烦至愤怒：“娶你这样老婆，真算不走运气！好像娶个小祖宗来家，供奉着你吧！”一味折磨她，直到悲惨死去。老无所养更是萧红流浪者的目光中，随处留在笔下的惨况，从乡村到城市，从东北到南方，到处都是老年乞丐的身影。他们甚至连痛苦都没有，只有“生老病死的烦恼”。大有“天地不仁以万物为刍狗”的浑茫意境，而“圣人不仁以百姓为刍狗”则是萧红叙事的左翼立场所植根的传统文化土壤。底层民众实用的浑融信仰，都是孤苦贫穷处境中最基本的生存欲求：“在乡村永久不晓得，亦永久体验不到灵魂，只有物质来充实他们。”在泛乡土的社会亦是如此，马伯乐父亲虔诚信仰基督只是为了方便和洋人做生意，妻子则是为了得到财产，女佣梗妈由信佛教之神转而信基督，也是为了微小的世俗利益。他们似乎连死的问题都不考虑，生已经让他们忙得不可开交。只有《小六》中的贫苦小贩，被贫困逼得唯求一死，才拒绝去教会，也拒绝所有的信仰。外来文明带来的新宗教，也以实用性目的被接受，欧洲人“以基督教征服中国”的野心，更像是被吃教饭的中国人所征服，一如随着佛教传入的观世音佛，本土化之后连化身的性别也要发生变化，基督教被民间文化心理所容纳也是以世俗的微小利益为条件。

四

适应天命观念而制定的所有文化制度，都是以阴阳结构为基本模式形成的一整套尊卑观念的伦理秩序，所谓天尊地卑导致的男尊女卑以及长幼尊卑等等，在萧红以新文化生而平等的思想观照之下，都体现着压迫的权力结构，男与女、主与仆、富与贫、长与幼、强与弱、正与偏，所有的两相对立关系都带着规训与压迫的性质。性别的天然弱势与科学民主的思想启蒙，使萧红在心理上对天命观充满了抵触，左翼的立场更使她质疑天命观制约下的封建文化制度，也就是所谓的天理。

萧红以顽童式的幽默，调侃最多的是男尊女卑的文化秩序。“塑泥像的人是男人，他把女人塑得很温顺……他把男人塑得很凶猛……那就是让你一见生畏……温顺的就是老实的，老实的就是好欺负的，告诉人们快来欺负她们吧。”“人若老实了，不但异类要来欺负，就是同类也不同情。”“所以男人打老婆的时候便说：娘娘还得怕老爷打呢？何况你一个长舌妇!”民间信仰世界的性别政治，在她的笔下暴露出残酷性：“可见男人打女人是天理应该，神鬼齐一……可见温顺也不是怎么优良的天性，而是被打的结果，甚或是招打的缘由。”对于执掌社会权力的各色男性的虚伪，萧红更是施之以辛辣的讽刺。仁爱开明的县长接出尼姑做自己的姨太太，有话语权的现代知识男性以嫖娼来研究社会科学[①]，自视甚高而又一无所用的马伯乐靠妻子的私房钱逃难度日谈恋爱……

父与子的关系在这样的表意结构中，也是萧红着意颠覆的对象。除了早期家族叙事中的大量细节之外，最集中地体现在《马伯乐》当中。在一个貌似洋化的新式家庭里，在基督的精神氛围中，维系着父子关系的仍然是经济。在价值重估的文化震动时代，接受了新思想的马伯乐对于家庭的反感与屡次逃离的狼狈失败，都是受着金钱的制约。新式的父子关系没有本质的变化，父权制社会的核心问题仍然为私有制度所制约。

---

① 见萧红散文《三个无聊的人》。

在这样的文化制度中，儿童更是没有任何地位与保障。《生死场》中的王婆因为惜物而强迫平儿脱下毡靴踩雪回家，“……乡村的母亲们对于孩子们永远和对敌人一般”“王婆宛如一阵风落在平儿的身上，那样子好像山间的野兽要猎食小兽一般凶暴”。小团圆媳妇早早被卖给婆家，父母大约也是贪图所谓的“头绳钱”“脂粉钱”。《过夜》中那个长毛兽一样的小女孩，被卖给年老色衰的妓女，让她勉强存活下去的目的是将来接客赚钱。萧红自己的两个孩子都因无力抚养而送人，所以对孤儿的处境格外敏感，从《王阿嫂的死》开始，她笔下所有的儿童主人公几乎都是孤儿。《生死场》中的平儿是一个私生子，看见老马对小马的亲昵也会伤感。王婆的女儿冯姑娘身世飘零，最终死于抗日战场。小金枝像祭品一样，被生意破产无钱过节的父亲在暴怒中摔死。《林小二》的原型是云顶山孤儿院中的一个孩子[①]，《山下》中的女孩也没有父亲，《莲花池》中的孩子父死母嫁，跟随以盗墓为生的老祖父艰难度日，险些死于日寇魔掌。就是在马伯乐相对富足的家里，女孩和男孩也受着不平等的待遇。

穷人的处境更加悲惨，从一开始就是萧红文学最主要的内容。有钱人的为富不仁，是她的文本中最尖锐的主题。《夜风》中帮佣的长青母子，被克扣工钱、生病后被辞退。《太太与西瓜》中的送礼者与受礼者，尊卑的差异是由贫富差异与权力决定的。《生死场》中的赵三，被地主讹诈被迫卖掉耕牛，被误伤的小偷则由地主了断了生命。《手》中来自乡村小染坊的女生王亚明备受歧视，直至退学离开。《马房之夜》中的老厨子冯保，一生帮佣，连自己的家都没有。其他如有二伯、冯二成子，更是在贫困线上挣扎，受愚弄歧视。连仁慈的老祖父也认为“富人家的孩子是不受气的”[②]。他对于十月革命的怀疑，理由是：“那穷党啊！那是个胡子头，马粪蛋不进粪缸，走到哪儿不也

---

① 曹革成．我的婶婶萧红［M］．长春：时代文艺出版社，2005。

② 见萧红散文《蹲在洋车上》。

还是个臭？”[1] 萧红早年与父亲的对立，也引发关于权力关系的思考：“父亲对我是没有好面孔的，对仆人也没有好面孔的，他对于祖父也没有好面孔的。因为仆人是穷人，祖父是老人，我是个小孩子，所以我们这些完全没有保障的人就落在了他的手里。”[2]

至于那些被命运挤到边缘的文化弃儿，更是无法救赎的悲惨，其中以女性为最。《生死场》中的金枝由于未婚先孕，被罪恶感压迫得蹲在地上，“她什么也没有理会，她逃出了眼前的世界”。在贞操观念的压迫下，就连两只叠落着的蝴蝶，也让她觉得罪恶，精神被奴役到了麻木的程度，“仿佛是米田上的稻草人”。而生产的刑罚对于她来说是双重的，证明未婚先孕的不贞，经历了更多苦难屈辱之后，她只好逃向最后一个避难所尼姑庵，结果尼姑庵也因为战争而关闭了。而萧红一个抗婚的同学，是进入天主堂当修女而得以成功[3]。《小城三月》中的翠姨，因为是一个再嫁寡妇的女儿而自卑，被乡绅之家认为不会有好家教而拒婚，京旗之家的女眷大概也因为知道了她的身世，而由“蜡梅花”的热情赞誉转而冷淡。这是无法赎的原罪，只有找一个门当户对的寡妇儿子婚配，最终以死亡抗拒残酷的婚姻制度。

在这样的文化制度中，天命又是无告的弱者的精神支柱，并且形成逆来顺受的消极人生观，因为一切都是命里注定了，事不在人为。《呼兰河传》那些在婆家受虐待的女子，强行为她定娃娃亲的娘家人只能以“这是命”来安慰之。《旷野的呼喊》中陈公公对儿子悄然投身义勇军的解释，是产婆说过他的腿上有痣，是主走星照命，也是自我安慰的性质。翠姨有向往现代文明之心，而无脱胎换骨之力，只能感叹“我的命不会好的”。有二伯在贫苦孤独的生活处境中，也试图反抗命运，他偷盗、他骂人、他跳井上吊……抗议冷酷的人间，可是

---

① 见萧红散文《一九二九年底愚昧》。

② 见萧红散文《祖父死的时候》。

③ 付秀兰口述，何宏整理．女作家萧红少年时代二三事［A］．孙延林．萧红研究（第一辑）［C］．哈尔滨：哈尔滨出版社，1993。

无法动摇坚如磐石的社会制度与阶级偏见。他似乎安于穷仆人的本分，“啥人玩啥鸟，武大郎玩鸭子。……穷人，野鬼，不要自不量力，让人家笑话”。他大概是最不信天的：“穷人不观天象，狗咬耗子，猫看家，多管闲事。”可是又不吃羊肉，因为幼年丧母而吃羊奶长大，对天的敬畏渗透在个体的饮食禁忌中，一如努尔哈赤的子孙不杀乌鸦的道理，天人之间的感念已成一种文化习俗深入民众心理。他骂天骂地，只有听到名字后面加个“爷”字的称谓，才笑逐颜开，看见祖父则毕恭毕敬，理由是“宰相看见皇上还得下跪呢！”严格恪守贫富尊卑的秩序。他对财物取回避的态度：“……虽然也长了眼睛，但是一辈子没有看见什么。……比方那亮堂堂的大瓦房吧，……可是看见了又怎么样，是人家的，看见了也是白看。”但是，有东西不给他吃，就要骂起来，给他吃他又谢绝。他有着伦理精神支撑着的勇敢，经常说的话是：“没有亏心事，不怕鬼叫门。”一谈起庚子年独自护宅躲俄军的往事，就会吓得哭起来，可见也还是贵生的。他几乎不惮鬼神，“阴间阳间一样，活着是个穷人，死了是条穷鬼。穷鬼阎王爷也不爱惜，不下地狱就是好的”。但是，却无法摆脱传宗接代的古老观念，也恐惧死后的孤零，同样重死胜于重生：“死了连个添坟上土的人也没有。人活一辈子是个白活，到了终归是一场空……无家无业，死了连个打灵头幡的人也没有。”在天命笼罩下的人生观，在各种文化制度的制约下，就是这样自相矛盾地呈现在有二伯古怪的思想性格中。

萧红深入探寻了天命观深入民间思想的种种心理迹象，发现它对民众精神的操控力量。同时发现了真正体现顺乎天命的人生，是那些超出所有文化制度的生命，顺其自然情感的生存状态。对于受天命观制约的人生价值，萧红表达了深刻的怀疑。《后花园》中的鳏夫冯二成子，在邻家赵姑娘青春生命的感召下，动摇了老实本分挣钱吃饭的传统人生观念，送走暗恋对象全家之后，他陷入大的悲哀，开始追问人生的意义：“人活着为什么要分别？既然永远分别，当初又何必认识！人与人之间是谁给造成了这个机会？既然造成了机会，又是谁把机会给取消了！”这也是一种天问，是普通人的天问：“你们那些手拿着的，脚踏着的，到了终归，你们是什么也没有的。你们没有了母亲，你们的父亲早早死了，你到该娶的时候，娶不到你们所想的；你们到老的时候，看不到你们子女成人，你们就先累死了。”“……你们要吃的吃不到嘴，要穿的穿不上身，你们为什么活着，活得那么起劲！”“……你省吃俭用，到头还是个穷鬼！”他对人生意义的追问带有左翼思想的社会批判性质，也包含超越了阶级立场的生命伦理，接近莎士比亚笔下的忧郁王子，也接近托尔斯泰笔下的安德烈·包尔康斯基公爵。但萧红却以一个贫苦的磨倌儿，来承担这个意义追问的职能，表达深广的忧愤，这也是左翼作家萧红的独到之处：“是谁让人如此，把人生下来，并不领给他一条路子，就不管他了。”答案就在他的“归路”中，地母一样为人缝补度日的老王安慰了他，使他重新回到平静的生活中。当夜，两个人就结了婚：“他并不像世界上所有人结婚那样，也不跳舞，也不招待宾客，也不到礼拜堂去。而也并不像邻家姑娘那样打着铜锣，敲着大鼓。但是他们庄严得很，因为百感交集，彼此哭了一遍。”可见真正顺乎天命的生存情感，是超越于一切文化制度之上的，先哲所谓“饮食男女，人之大欲存焉”。反抗邪恶的意识形态，而顺乎原始意义的天命，是萧红对于民间思想富于辩证的理解，一如祭天的野台子戏，人神共娱的世俗场景部分挣脱了僵死的文化制度，相亲会友串亲戚；一如乡村女性不时集体爆发的哭声，都是原始的天命观养育出的质朴情感，犹如诗三百式的“天真烂漫思无邪”。

萧红以对天命这样的理解，完成了自我的精神确立。《呼兰河传》中唯一一个健康的人生与人性的故事，就是磨倌儿冯歪嘴子与王大姐的生活命运。因为没有媒妁之言、父母之命与正式婚礼，而受到邻人文化偏见的舆论压迫。虽然贫穷，虽然受到歧视，却满怀希望坚韧不拔地活着，以相濡以沫的真爱维系着艰难困苦的生存。尽管悲剧不可避免地发生，但是毕竟真正地生活过了，爱情延续在新的生命中。所有浑融的实用信仰都退尽了虚幻的光影，所有邪恶的意识形态也失去了力量，生命自身的意义却以最朴素的形式彰显出来，一如天道的生生不息。五四新文化运动“人的发现”，无声地粉碎了所有空洞的文化理念与僵死的制度，与民间健康的情感汇合，也和先贤们对天命的阐释相勾连，这就是真正的“世界的本源”，这就是普世的天道“四时行焉，百物生焉”，这也是一种“制天命而用之”！

五

萧红对民间思想的发现，构成她作品广阔的泛文本历史文化背景，也是她成长发展的时代条件。萧红一生处于两种文化的夹击之中，终身抵抗而又充满矛盾，在自我分裂中痛苦一生。

“五四”科学民主的理念与独立自主的人生理想，一直是她人生跋涉的方向。早年家庭男性家长的思想启蒙，学校新式教师的激励，左翼朋友的救助鼓励，特别是鲁迅先生的关爱与影响，都使她追寻着这样的精神之光远行。她在《回忆鲁迅先生》中，记叙了鲁迅叙述早年夜行“打鬼”的经历，并且写进哑剧《民族魂鲁迅》中；在散文《饿》中，她记叙了中学美术老师高仰山的话：“只有衷心于艺术的心才不空虚，只有艺术才是美，才是真美。”她的文学一直沿着“五四”新文化运动的精神发展，随着历史情景的变化与人生阅历的增长而拓展，由阶级而人性，由种族而人类，家族叙事开始的乡土社会，始终都是她文学的基本风土。她以“永远对着人类的愚昧”为作家的使命，就是最好的证明。

但是，她又和所有的乡土女性一样，有着先验于自我的人生羁绊，像原罪一样难以救赎。出生在祭日，成为神秘信仰的不祥之物；三岁祖母为她订立婚约，使升学的追梦历尽艰辛最终破灭；与家庭的决裂经济陷于赤贫，在战乱中与未婚夫同居，打官司控告“代弟休妻”的婆家败诉，未婚夫失踪之后被旅馆老板当作人质，与萧军的结合更是违背传统礼法，触犯了苛刻的家法，在那个时代，就是男子有这样的“劣迹”也要受活埋等处置，因此僭越了“封建阶级所能容忍的极限”[1]。而她从左翼的立场出发，以家族叙事开始文学写作，又把对父辈的愤恨转化在文字中，则是比绯闻更严重地损害了家族的声誉，被父亲以“诬蔑家长”等罪名开除祖籍，由此成为一个无家可归的流浪儿。乡土社会浑融的民间信仰，以及衍生出来的各种文化制度，一开始就是她人生跋涉的最大阻滞。她作品泛文本的知识谱系，也就是她自己成长的最大阻滞。加上外族入侵的残酷历史情境，反抗挣扎的流亡几乎是以失败告终，最终死于太平洋战争炮火中的香港，和父亲的对抗也以回家的愿望为投降的精神标识[2]。

历史的循环与人生的宿命，比早年民间思想沉积在潜意识中的暗示，更强烈地影响着她对命运的感受。她的第一篇小说《王阿嫂的死》中，主人公的丈夫就是在五月节之后被地主杀死。1934年夏，她和萧军逃出伪满残酷统治的哈尔滨，辗转到达青岛的第二天，就是端午节[3]，正是她二十三岁的生日。这无异于一次新生，在她的身后，朋友纷纷入狱，不少陆续牺牲在法西斯的屠刀下。她这个时期写作的《生死场》中，有《罪恶的五月节》一段，两起杀子的叙事连缀在乡土人生的表层，却与自身宿命的语义相聚合。端午节亦称女儿节，生日的禁忌像咒语，为攀高亲的婚约，使被父亲摔死的小金枝具有自我指涉的意味，萧红也具有了祭品的性质，而人物想象的死亡则是告别往昔的仪式。她以为由此可以获得新生，但是苦难并没有结束。萧军频频情感散步，和端木蕻良的结合又受到多数左翼朋友的质疑与冷

---

① 张抗．萧红家庭情况及其出走前后［A］．孙延林．萧红研究（第一辑）［C］．哈尔滨：哈尔滨出版社，1993。

② 骆宾基．萧红小传［M］．哈尔滨：黑龙江人民出版社，1981。

③ 也有人认为是端午节的当天，见铁峰．萧红生平事迹考［A］．萧红．萧红全集（下卷）［M］．哈尔滨：哈尔滨出版社，1998：1468。

视，至亲的人一个个离她而去，两个孩子先后送人，都使她感到命运的孤苦与人生的无常。1939年，在重庆，她对老友张梅林说："……我好像命定一个人走路似的。"[①]尽管"五四"新文化精神为她对抗命运提供了精神力量，但是终究超越不了死的大限，临终感叹："半生尽遭白眼，身先死，不甘，不甘……"

在这样的夹缝处境中，她对民间社会的观照，就有着感同身受的生命体验，进入左翼阵营也就势在必行。区别于鲁迅那一代自觉启蒙的精英知识分子，她更认同民众的苦难，甚至崇拜他们坚韧的生命力。萧红曾对朋友说："鲁迅以一个自觉的知识分子，从高处去悲悯他的人物。……我开始也悲悯我的人物，他们都是自然的奴隶，一切主子的奴隶。但写来写去，我的感觉变了。我觉得我不配悲悯他们，恐怕他们倒应该悲悯我咧！悲悯只能从上到下，不能从下到上，也不能施之于同辈之间。我的人物比我高。"[②]面对宿命的人生苦难，在民众顽强的生命力中汲取生存的精神力量，是萧红仰视民间思想的心理逻辑；抵抗外来暴力的时代主题，建立历史主体的必然要求，也是萧红认同民间健康精神的重要原因。

此外，在一个强权的时代，性别的天然弱势是比文化传统更难以克服的宿命，也是形成她自我分裂感的原因。萧红对朋友说："你知道吗？我是个女性。女性的天空是低的，羽翼是稀薄的，而身边的累赘又是笨重的！而且多么讨厌啊，女性有着过多的自我牺牲的精神。这不是勇敢，倒是懦弱，是在长期的无助的牺牲状态中养成的自甘牺牲的惰性。我知道，可是我还免不了想：我算什么呢？屈辱算什么呢？灾难算什么呢？甚至死算什么呢？我不明白，我究竟是一个人还是两个；是这样想的是我呢？还是那样想的是。不错，我要飞，但同

① 梅林．忆萧红［A］．王观泉．怀念萧红［G］．哈尔滨：黑龙江人民出版社，1984。

② 聂绀弩．回忆我和萧红的一次谈话［A］．聂绀弩．高山仰止［M］．北京：人民文学出版社，1984。

时觉得……我会掉下来。”[①] 生物学的限制比文化心理的约束更难以战胜，萧红也只有在民间女性身上寄托这无奈，《生死场》中三个女性生产的场面，像先锋美术一样的构图，最形象地表现出萧红对于性别的生物学思考。而王婆的苦难也是她作为女性，自身苦难的折射，在文本中她先后失去三个孩子，却安然活到了叙事的终点。她曾经问鲁迅，王婆是不是写得太鬼气。这也是她推崇民间精神的心理基础，一如她认同两个磨倌儿的人生态度。据说在和端木蕻良的婚礼上，萧红对众人说：“我对他没有什么过高的希求，只是想过正常的老百姓式的夫妻生活。没有争吵、没有打闹、没有不忠、没有讥笑，有的只是互相谅解、爱护、体贴。”[②] 她对于世俗生活的向往，也和冯二成子夫妇一样，是以简单、平易与和谐为幸福。

对于民间生活风情的诗意发现，也是她理解体现着原始天命的民间思想的内容。王婆在她的笔下几乎是一个乡村的浪漫主义者，不少寻常乡村的美景，都是借助她的眼睛描述的。她篇幅较长的作品中，都以民歌小调串联叙事与议论，展现着民间朴素的情感方式。《生死场》中成业是唱着“寂寞的歌”登场：“昨晨落着毛毛雨，……小姑娘，披蓑衣……小姑娘，……去打鱼。”传达着他春心浮动的情绪。《呼兰河传》中对四月十八娘娘庙的风俗画式叙事，结束在歌谣中：“大小姐，去逛庙，扭扭搭搭走得俏，回来买个扳不倒。”而贫穷的房客自唱自娱的，则是以孟姜女故事为题材的秦腔《叹五更》。她的所有乡土小说，几乎都有着前后对照的结构，以灾难为界限，前半部是风俗画一样的日常生活，而后半部则是失去秩序的混乱与破碎的生活场景。这样的观察角度有迹可循，属于五四新文化运动的思想一脉。她中学的历史教师姜寿山毕业于北京大学历史系，对于“五四”新文学的熟读也使她一开始就在政治意识形态的叙事缝隙中，保留了民间

① 聂绀弩．在西安［A］．王观泉．怀念萧红［G］．哈尔滨：黑龙江人民出版社，1984。

② 国兴．文坛驰骋联双璧［J］．铁岭师专学报，1984（1）。

艺术的鲜活形态。这也和磨倌儿的生存状态一样，体现着最古老的天命观念。

文化人类学的崛起是萧红泛文本背景的学术基石，而萧红在鲁迅身边的见闻，也深受熏陶与启迪。当时，鲁迅正是在这个学科的影响下写作完成了《故事新编》，面对铁血暴力的民族危难，在古代神话的意义空间中完成民族伟大精神的发现，也完成了自我精神的确立。萧红对民间思想与精神的探寻，有批判有认同，接续着鲁迅的思想和艺术，异曲同工，以艺术的方式完成了对自身天命的叙述，借助民间的人物场景，传达出文化精神的自我确立。并且形成她人与自然关系的整体美学表述，直抵人与物互喻的独特修辞方式，泛文本中潜藏着一个大的宇宙自然生命系统的参照，所有溃败的故事，无论家族、乡土、革命、战争、历史，还是种族与人性，都在这个被称为天命的大系统中，获得伦理诗学的永恒意义。

第四讲　追问：精神跋涉的价值寻求

——萧红文学意义生成的基本句式

萧红生逢一个动荡的时代，政治史的频繁错动，文化史的急剧变革，对她有着直接的影响。维新的乡绅地主之家，以血亲的关系联系着多种意识形态的体系，也使她的成长纠缠在各种话语的冲突之中，并且积淀为潜意识中复杂的心理纠葛。她以孩童一般的困惑，叩问世界之谜，充满了对文明、历史与人生人性的质疑。她的人生本身就充满了谜团，挣扎的苦痛与跋涉的艰难，青春期的迷茫与民族历史的巨大危机，都使她身陷迷津。无法释解的疑问，构成了她文学最基本的主题内核，不断犹疑着的设问，既动摇着传统习俗与父权制社会的伦理秩序，又物化在她艺术思维的逻辑形式中，这就是以追问的方式完成意义的表述。

一

萧红最初的作品，叙事层面的连缀多是结束在疑问中。例如，小环站在王阿嫂的坟前绝望地呼喊："妈妈……你不要……我了！让我跟跟谁谁睡……睡觉呀？""我……还要回到……张……张姓地主家去挨打吗？"[①]《弃儿》中失去孩子的芹，独自躺在病房中，回忆母亲去

① 萧红．萧红全集［M］．哈尔滨：哈尔滨出版社，1991：9。

世的幼时，躺在祖父身边，“不也是看着夜里窗口的树影么?”[①]这是对人生苦难“谁之罪”式的质问。这两篇作品虽然都是第三人称，但是都带有自传的基本特征。而萧红在记叙日常窘困生活的散文中，特别是《商市街》中的大量篇什，则直接以第一人称形式表现了对充满贫苦生活景况的无奈：“我拿什么来喂肚子呢？桌子可以吃吗？草褥子可以吃吗?”“这是哪里来的（钱）呢?”“你说吃什么?”“这可怎么办?”生活的愁苦在疑问句式中，借助左翼文学阶级论的主题模式，融汇了“五四”感伤主义思潮中个人主义的情愫，也承袭了古代闺阁诗的身世感怀。1938年1月，萧红参加了七月杂志社主持召开的《抗战以来文艺动态和展望》座谈会，就新形式产生的问题，萧红说：“我的散文形式有人反对，但实际上我的形式旧得很。”这其中就有着对于情感形式的自省，这从她中学时代开始使用的笔名“悄吟”也可以看出来，即有着李清照式的“凄凄惨惨戚戚”与朱淑真断肠般的凄凉愁惨。

在大量叙事性的作品中，萧红常常把自己对历史强烈的质疑，借助人物之口表达出来。《生死场》中，乡村经济破产，瘟疫流行，人心惶惶，一个老太太问赵三：“这好似什么天象？要天崩地陷了。老天爷叫人全死吗?”[②]无奈的浩叹，是对社会崩溃中广大民众生存危机的悲愤。乡土民众的反应演绎出萧红对于历史的质疑，问题常常是她文本语义生成的要素，而自身的悲愤也移情于审美的对象。《生死场》中着白衣的外国医生像修理机器一样的医疗方法，拉到魔窟一样的城市隔离的措施，都使村民无比惶恐，对外来医疗暴行产生本能的抵触。1935年，学医出身的鲁迅看过这部小说以后，对那些医疗措施也觉得匪夷所思。1939年，在重庆，日本左翼人士池田幸子听了萧红的叙述之后，谈起当军医的父亲早年在东北就是以中国人为试验品统计医疗效果，甚至用牙粉糊弄很少看病的中国民众的。这是早期后殖

① 萧红．萧红全集［M］．哈尔滨：哈尔滨出版社，1991：162～163。

② 萧红．萧红全集［M］．哈尔滨：哈尔滨出版社，1991：111。

民的问题，是民间在器物之外，最早遭遇到外来的现代文明。至于铁血暴力的野蛮蹂躏与敢死抗争的惨烈牺牲，他们只有“哭向苍天”，或跑向旷野呼喊，坐在汾河的圆月下……这也是追问式的表意结构置换为人物形象的心灵逻辑。五四新文化运动中的平民文学、20世纪30年代左翼文学的阶级意识与民族国家的诸种主题情愫都容纳在追问的句式中。这样的追问句式源远流长，是漫长历史时空中所有饱经忧患的思想者最经常的质疑方式，可以一直追溯到屈原《离骚》开启的主题原型。

连续的追问则是萧红叙事的形象逻辑中语义生成的重要叙事策略。过了十五年清寡日子的王大妈，是在看见外孙女手中万花筒的一瞬间，对母女两代人守空房的命运“有所悟”的，一连串的问号概括了乡土女性循环的守望生涯：“王大妈觉得她还是逃不出这条可怕的命运的道路吗？——出嫁，丈夫到黑河去挖金子，留下她来过着孤独的一生？谁知道，什么时候，丈夫挖到金子，谁知道什么时候做老婆的能不守空房？”[①] 最快乐的老婆子变成了最痛苦的人，她开始仔细回想：“她过的生活是这样的可怕，她奇怪自己终究怎么度过这许多年月的呢！而没有为了柴米愁死，而没有为了孤独忧郁死！”[②] 强烈的质疑态度，以惊叹号取代问号，强化着她可怕生活的悲哀。《后花园》的磨倌儿冯二成子，在送走暗恋的邻家女孩的母亲之后，难过地想：“人活着为什么要分别？既然永远分别，当初又何必认识！人与人之间，又是谁给造了机会？既然造了机会，又是谁把机会给取消了！”[③] 惊叹号代替问号，而且反复两次，有着诗歌一样复沓的节奏，在逻辑的递进中加强了质疑精神的情感力度。在此后的段落中，冯二成子开始以批评的眼光看待辛苦的劳作者和刻薄的小贩们，以连续的追问质疑着传统的文化价值。萧红笔下的追问者带有民间底层的社会身份，

① 萧红．萧红全集［M］．哈尔滨：哈尔滨出版社，1991：888。
② 萧红．萧红全集［M］．哈尔滨：哈尔滨出版社，1991：888。
③ 萧红．萧红全集［M］．哈尔滨：哈尔滨出版社，1991：646。

也体现着民间思维的独特方式，以一个磨倌儿来承担这旷古的追问，可谓“心事浩茫”。这是在20世纪40年代全民抗战的历史语境中关注民间的文化潮流与世界反法西斯的国际视野相重合，以“对着人类的愚昧”为写作理想，把“五四”平民文学的主题要素升华为普世的怀疑精神，在外来文化的参照下浓缩为对传统价值重估的文学诉求，是近代以来中国知识者共同的思想趋向。而追问的基本句式，则使怀疑精神外化为最直接的形象逻辑的形式。

在萧红文学意义生成的基本追问句式中，还有一类是以问代答的，通常用在自述的文字中。萧红在最后的北京之行中，向萧军诉说自己的心情，以连续的追问呼天抢地：“什么能救了我呀！上帝！什么能救了我呀！我一定要用那只曾经把我建立起来的那只手把自己来打碎吗？”[①]在《失眠之夜》中，以设问开篇：“为什么失眠呢！”接着叙述了七七事变揭开全民抗战的历史帷幕之后、所有东北籍流亡作家沉浸在“打回老家去”的兴奋之后，又结束于类似“怎么办”的慌乱中：“但买驴子的买驴子，吃咸盐豆的吃咸盐豆，而我呢？”[②]早就没有了家的萧红陷入了女性没有乡土的亘古忧愁，以设问始又以设问终。《呼兰河传》中，记叙童年深夜听到跳大神的鼓声，跳跃着追问：“人生何如，为什么这么悲凉？”“人生为了什么才有这么凄凉的夜。”第一句用的是问号，第二句用的则是句号，可见答案就是问题本身。这已经是心灵的辩证法，具有辩证逻辑的形式特征。这一类的追问都是无法求解的，问题本身承载着悲凉情绪就是意义。

二

萧红以各种艺术手法的追问完成意义的生成，这样的基本方式呈现在叙事的层面，就使在情节的连缀与形象的逻辑推演中普遍存在着

① 萧红. 萧红全集［M］. 哈尔滨：哈尔滨出版社，1991：1293。
② 萧红. 萧红全集［M］. 哈尔滨：哈尔滨出版社，1991：1059。

对话的结构。她经常以不同的谈话对象和不同的谈话方式形成对话的基本结构，生成不同的具体语义。有时谈话双方同时在场，有时一方缺席，有时隔着时间的距离，有时隔着空间的距离，还有的对话没有声音，完全靠形象的逻辑回应设问。

对话是萧红作品的重要叙事形式，具有举足轻重的功能。《广告副手》中的对话占据不少篇幅，表现愁苦生活中的哀怨；《三个无聊的人》以不同的话题，组成基本的情节；《夏夜》也是以不同对象之间的不同话题，完成对基本情景的叙事；《初冬》中的姐弟对话，几乎占据一半的篇幅；《两个朋友》中情节富于戏剧性的起承转合，都是以不同方式的对话推进；《牛车上》的叙事建立在五云嫂和车把式的问答中；《亚丽》的本事叙述，是以不同人物与方式的对话演述的；《记鹿地夫妇》中的对话，是人物性格心理的主要表现手段；《黄河》的主要情节，也是以艄公阎胡子和追赶队伍的战士之间的对话来承担的。在《呼兰河传》与《回忆鲁迅先生》中，与长者的对话更是其中的点睛之笔。

在对话的普遍形式中，萧红文学中的一些追问经常是以自问自答的方式表述的。主体的怀疑精神显而易见，而基本的人文立场也有着毋庸置疑的确定性。在回忆升学受到阻滞的往事和与伯伯精神情感疏远的症结时，萧红写道："我想什么给感情分开呢？我需要恋爱，伯父也需要恋爱。""那么他与我有什么不同呢？不过伯伯相信的是镀金的学说。"[①]每一疑问句之后，都是一个明确的陈述句，两个自问自答的重复句式一起构成的表意结构强化了主题。在这样的对话关系中，她经常是在自问自答的方式之后，以惊叹号表达自己的信念。1941年5月4日，皖南事变之后，她愤然写下："谁是那旧的骨架？是'五四'，谁是那骨架的灵魂？是我们，是新'五四'！"[②]面对历史悲剧的重演，萧红表达了她基本的人文立场和勇毅的决心。在《小城三月》

---

① 萧红．萧红全集［M］．哈尔滨：哈尔滨出版社，1991：915。

② 萧红．萧红全集［M］．哈尔滨：哈尔滨出版社，1991：1158。

中，她叙述完为历史遗忘的爱情悲剧之后，在循环的季节中表达对亡友无限的怀念："春天来，她为什么不早一点来……"旋即答道："那是不可能的了，春天的命运就是那么短。"[①] 人生宿命的无奈，都凝缩在无限的惆怅中。这使萧红文学有苍凉，但是却不虚无，绝不颓废，显示着抗争的伦理诗学中生的顽强。

萧红有些对话在形式上是缺少直接答案的，在形式逻辑上成分不全，但是却随着情节的演进，随着问题承受者的性格和心理发展形象地呈现出来。《生死场》中的赵三，在错乱贫苦的生活中，对早年屈服于地主软硬兼施的懦弱生出惭愧："就当胡子哩，不受欺负哩！"以此回答了早年妻子王婆对他的谴责，并且鼓励平儿一辈青壮年去反抗日伪的残酷暴力，成为自觉的抗日鼓动者。《你要死灭吗?》中的质问，直接的形象承受者是悄悄退出盟誓的二里半。但《生死场》的全部叙事却终止在他家破人亡、跟着李青山去抗日敢死的背影中，以人物的行动回答了前面的质问，叙事立场也一目了然。《红玻璃的故事》中的王大妈，洞悉了清寡生活的可怕之后，临终之前放弃了不许儿子外出的初衷，任其子独自离乡土远行。

在萧红文学中，还有一些对话关系是由不同的人物分担问答的角色。《后花园》中的磨倌儿冯二成子的连续追问，是由寡妇老王承担了解惑的功能，揭示出人生的真相："人活着就是这么的……年轻的时候，谁还不是像一棵小树似的，盼着自己往大了长，好像有多少黄金在前边等着。可是没有几年，体力也消耗完了……"[②] 寡妇老王的话使心理陷入混乱的冯二成子从迷茫中沉静下来，看见了满天的星光，意识到这世界上本没有什么太多的人。这样的对话关系中，不同的性别角度，体现着两种不同的人生态度与价值。冯二成子的质疑体现着男性超越现实的理想精神，而地母一样的寡妇老王则代表了像土地一样平凡而永恒的生活信念，是两种精神的对话。而差异的最终融汇，

---

① 萧红．萧红全集［M］．哈尔滨：哈尔滨出版社，1991：697。

② 萧红．萧红全集［M］．哈尔滨：哈尔滨出版社，1991：649～650。

以他们的结合为象征，所有的情境设计与故事情节的演绎，都是为了推导这深层的语义，具有交响乐一样的复调结构。

还有一种对话结构是建立在不可调和的对立中的。这样的对话关系通常以中心事件为轴心，辐射出对话者彼此错位的文化心理，复调的形式发展成众声喧哗式的开放与混乱。萧红从家族叙事开始的所有生命故事，几乎都或强或弱地存在着这样的开放性。如《王阿嫂的死》中，不同阶级立场的人对王阿嫂丈夫之死的述说与评价；《弃儿》中产妇们对芹的评说，都是话语的碎片。而《呼兰河传》中三个故事的主人公，都孤立地处于这样的话语洪水的灾难中，其中以小团圆媳妇最典型。小团圆媳妇因为生得高大、能吃、见了人不知道害羞、坐得笔直、走得风快等等，无意识地违背了封建文化制度的女性文化镜像，先是被毒打，然后把她的反抗与挣扎归纳为“病”，成为话语的焦点，终于虐待得真的病了。众人对诊断与治疗持续兴奋，而且是以善良的名义。大神说是狐仙（狐狸精）要让她去跳大神，否则就性命难保；所有人都根据不同的话语资源，义不容辞地出谋划策，偏方野药地奔忙着。“云游真人”为了诈钱，说阎王爷要凭了脚心被烙铁烫的疤把小团圆媳妇和婆婆一起捉去，吓得她婆婆一听到她“回家”的梦中呓语，“就怕她是阴间的花姐，阎王奶奶要把她叫了回去”。童年萧红觉得她是一个挺好的女孩儿，老厨子等都说小团圆媳妇是妖怪，只有“不言乱力怪神”的老祖父不以为然，“到老胡家去说了几回，让他们不要打她了，说小孩子，知道什么，有点差错教导教导就行了”。在这样众声喧哗的场面中，不仅呈现着“无有不信”的浑融信仰形成的文化心理逻辑，还有比意识形态因素更强有力的话语方式：王大姑娘由一个人见人爱的美好女性到人人诽谤的舆论之的前后反差之大，仅仅是由于和贫穷的磨倌儿冯歪嘴子非婚的结合而成为“野老婆”。人们为她作日记、作传，无中生有、夸大其词地把她塑造成灾祸的不祥化身，直至难产而死还“大庙不收，小庙不留”。

还有一些对话的形式是独白的辅助技巧，设问只是引起独白的话题。有二伯的身世，基本是他自述出来的，以“你二伯”开始，逐次分别引出幼年失去父母、童年为人放猪被狼咬、庚子之乱在俄军的屠杀抢掠中独自护宅、想成家而一直未能如愿……在童年萧红的幼稚提问中，有二伯的世界观也不断被自述出来。比如小团圆媳妇死了以后，萧红问他：“有二伯，你多咱死呢？”答曰：“你二伯死不了的……那家有万贯的，那活着享福的，越想长寿，就越活不长……上庙烧香，上山拜佛的也活不长。像你有二伯这条穷命，越老越结实。……俗语说得好，‘有钱三尺寿，穷人活不够’。像二伯就是这穷命，穷命鬼阎王爷也看不上眼儿来的。”[①] 这种民间的自嘲自谑，比阿Q更多了一重优越感。其他如《马伯乐》中的奸商船主、马伯乐世交的王姓绅士等，也多是由别人的话题开始自己的独白的，其精神嘴脸便也跃然纸上。

这种错位的众声喧哗般的对话方式，多数来自萧红童年的生活经验，血缘复杂的家庭中，作为过继子的维新父亲无法抵制祖母跳神赶鬼的实用性迷信，而恪守儒家妇道的母亲也以佛教为精神信仰。从幼年开始，萧红就不断经历家长们之间的争吵。《呼兰河传》中，她叙述了祖母骂祖父，还连带着她。在十月革命前夕，为了是否买迅速跌落的卢布，父亲和母亲彼此争吵。母亲生怕错过发财的机会，骂父亲“冥顽不化”，并好吃好喝地供着跑腿买卢布的老厨子，而且彻夜烧香拜佛，家里好像闹鬼。父亲骂母亲“受穷等不到天黑”，别人国家的事情你怎么能预料?！祖父则骂布尔什维克是“胡子头”。萧红看见温文尔雅的祖父，气急败坏地打送她回家的车夫，理由是有钱人家的孩子是不受气的。生母去世后继母过门，家庭关系更加复杂，自己和帮佣的女孩之间争吵和打斗，祖父和父亲继母之间也起着冲突。祖父和父亲曾经为了房客的租金而彻夜争吵，理由中有着对穷人的怜悯。祖父去世的十年间，她是和父亲打斗着过来的。除了抗婚升学等具体的

---

① 萧红．萧红全集［M］．哈尔滨：哈尔滨出版社，1991：830。

原因，意识形态的对抗是重要因素。这个因素一直贯穿在她此后的所有叙事中，对于女皇一样的女校校长的厌恶，也有着阶级意识为核心的思想对抗。生长在三世同堂的大家族，长辈之间阴暗复杂的心理纠葛与各种意识形态的体系冲突，错位的对话与被动的倾听便是萧红心灵成长的现实，而作为最基本的纠葛外化在独特的对话结构中使脆弱的主题意义便随着众声喧哗的负面价值隐约流露。

对话是萧红文学追问的基本句式，具有了立体的话语空间，多种思想借助人物的言行得以生动表达，在众声喧哗的整体氛围中主体隐退在场景与话语的时间流里，疑问的沉默中便呈现出一种主体的无奈。在戏剧观众一样的叙事角度中，萧红在叙事层面的连缀关系里，确立了自己旁观的局外人叙事形象，但是深度的心灵体验则是悲凉诗情得以抒发的契机。追问中的认同危机，也以无处求索的疑问，消解在与对象感同身受的深层语义聚合中。一如她回应祖父当年的安慰“长大就好了”，是在多年的挣扎与流落异乡之后的简略自述：“长大是长大了，但是没有好起来。”

三

萧红以对话的方式，展现的还有不断转换的言说角度与立场，以及对话双方联系方式的多种差异，语义场的心理关联域因此具有柔韧的弧度，而超越了具体情境中的言说内容。

《牛车上》五云嫂和车把式的问答，连缀出军阀混战中民众悲惨的命运故事，以伦理的价值追问混乱历史的意义。《烦扰的一日》中的叙事者，由于事务性的机缘，偶然听到雇主与雇工之间的对话，表现了两个不同阶级的女性困顿的日常生活，并与自己的困顿汇集成一体，完成对女性生存价值的追问。《黄河》中艄公阎胡子和抗日战士之间的对话，在民不聊生的各种历史劫难中生成底层中国坚韧的精神，以追问的方式表达民众的心愿。被遗留在民间记忆的历史沉积物，以片段式、不连贯的口语方式，解构了历史元叙事的宏大逻辑，展现出丰富的心灵内容。《牙粉医病法》则在纪实的风格中生成人类反抗暴力永恒精神的主题，体现着萧红超越了阶级、种族、文化与性别，以“对着人类的愚昧”为作家基本职责的文学观。

这一类对话，基本的言说立场与话语方式大致相同，对话只是情节演述的叙事策略。也就是说，对话双方之间属于同一个语义场，而对话者却有着主次之分。五云嫂是主要的叙述者，讲述的是自己的故事，而车把式则是阻缓她叙事的帮手。《黄河》中的阎胡子是主要叙事者，不仅讲述了自己的命运故事，也承担着底层民众对抗战胜利过好日子的主题表达功能。尽管对话双方的身份不一样，但是渴望胜利的心理关联域是一样的。这样的叙事方式，具有深广的民间艺术的土壤，从萨满仪式中彼此呼应问答的载歌载舞，到二人转中一男一女的歌舞周旋，以及传统戏剧中旦与生之间的对白，都是类似的叙事方式。

第一人称的叙事者作为叙事阻缓的帮手，在萧红的叙事中屡屡出现。许多叙事层面的连缀，是以叙事者作为对话的听众角色完成的。《索菲亚的愁苦》与《访问》，都是以听众的身份记录主人公的命运故事。倾听心灵的独白，体现了萧红叙事的伦理。她让所有的人物都在叙事层面获得自己的话语空间，有倾诉的机会，思想性格跃然纸上，多种情愫聚合为深层的基本语义。《马伯乐》中有发国难财的船主关于天理的大段演说，而且慷慨激昂颇为雄辩，其逻辑的谬误充分地暴露出他的无耻。《呼兰河传》中小团圆媳妇的婆婆的大段诉说，可谓精彩之笔：

> 她来到我家，我没给她气受，哪家的团圆媳妇不受气，一天打八顿，骂三场。可我也打过她，打得连喊带叫的，我是为她着想，不打得狠一点，她是不能够中用的。[1]

① 萧红．萧红全集［M］．哈尔滨：哈尔滨出版社，1991：807。

此后小团圆媳妇的婆婆还断断续续地讲述了吊起来让小叔子打，用烙铁烫脚心等刑罚，而且语气中有着天经地义的坦然又满腹委屈，间杂在和其他人的对话中，其文化心理的逻辑便生动地呈现出来。叙述者的立场隐蔽在众口一词的话语激流中，只有老祖父的略略数语，寄托了作者的价值诉求。强势的文化心理逻辑是琐碎的对话中占据绝对主导的意识形态力量。

类似的对话关系，也容纳了其他文化逻辑的力量对比。在《三个无聊的人》中，萧红记录了三个知识者各自打发空虚的方式，叙事者则几乎处于失语的状态，只有叙事的语调中柔性的嘲讽流露出自己的性别立场和思想倾向。在《〈大地的女儿〉与〈动乱时代〉》中，作家记叙了亲历的失语情境。可见，弱势性别没有话语权的无奈处境，也是她倾听的叙事伦理形成的原因。散文《在东京》是萧红回忆鲁迅去世之初，自己慌乱悲痛的感受，其中记叙了在东亚补习学校异国人的反应，种种对鲁迅的诋毁都使她只有默然。这种无奈的倾听和失语源于种族的弱势处境，也有意识形态的文化差异以及情感的隔绝状态。其他如《生死场》中地主对赵三们的言语讹诈，《马伯乐》中父子、夫妻之间的言语冲突等等，都有着话语权的强弱比量。

错位的对话形式，归根结底是语义场的不可重合，也是心理关联域的隔绝状态。意识形态制约的文化心理逻辑、社会身份与话语权力关系中的弱势处境，都使萧红自我人格的确立格外艰难，成长中的困惑与人生的迷惘，只有借助沉静的倾听姿态才能完成价值寻求的意义追问。而戏剧观众式的叙事角度，也和她对党派政治的无知有着世界观的联系。在倾听的叙事伦理中，便呈现出一种群体的心理真实，这是成长的无奈处境的逻辑形式，也是所有没有话语权的弱者最普遍的语言现实，被遮蔽的主体因此在新艺术世界的镜像中显现出“五四”新女性孤独飘摇的文化身份，由此形成了以追问为意义生成的基本表意结构的格局。

四

在萧红文学各种不同对话结构的追问中，意义的生成有一种不确定的方式，叙事层面的含混保留了多种可能性，具有传统美学留白的艺术效果，也具有西方现代主义小说开放的形式特征以及现代主义诗歌多义的主题形态。

不确定的对话方式，多数是由于自身各种身份立场之间的矛盾。《生死场》中的金枝经历了未婚先孕、丈夫摔死女儿、到城市缝穷被中国男人强暴、回到日伪横行的萧条乡村，于是回答王婆回哈尔滨不要再回来的劝告："从前恨男人，现在恨小日本子。"最后她转回到伤心的路上去："我恨中国人呢，除外我什么也不恨。"她的种族立场和性别立场，在经验世界中发生了抵牾，情感的倾向也出现无从选择的窘困，她多于王婆的学问逾越了种族伦理，结论带有气话的性质。而找李青山拼命的北村老婆婆，是为抗敌死难的独子复仇，血缘伦理与种族伦理之间发生了冲突。金枝克服窘困的梦想破碎于尼姑庵的关闭，而北村老婆婆则只有和幼小的孙女吊死在房梁上。萧红的犹疑便也在这样的对话结构中浮现出来：珍重生命的伦理诗学必然排斥野蛮的暴力与无谓的牺牲，而面对无奈的历史抉择，也唯有以留白的方式寄托无限的悲悯。这样的对话方式表现了萧红民族与民间的情感方式，也表现出她情感认同的趋向。

萧红文学中不确定的对话方式，在留白中还有开放性的语义结构，由此表达对世事多种可能性的理解。《红玻璃的故事》在王大妈死于冬天、儿子出门淘金之后，叙事角度转换到村民的立场，第二年春天榆树屯的人就把这家人忘了，只看见房屋倒塌，清明节时坟前出现纸束，"有的说是她闺女来过，但没有人看见，也没有人听见过哭声"。两种可能性最终聚合于土坟上日益茂密的野草，强化了被遗忘的命运。语义的双关性具有诗歌的多义，可以是生命消逝的挽歌，也可以是乡土观念必然瓦解的象征，其中有着萧红情感的悖论。乡土是稳定而富于包容的家园，但被囚禁其中的生命则承受着孤独痛苦的虚无，外出逃生具有必然的合理性，而瓦解的乡土情感仍然使人伤怀。《北中国》中耿大先生的故事是从伐木的声音开始的，正式的叙事一开始就出自两个伐木工人的对话：“依你看，大少爷还能回来不能？”“我看哪……人说不定有没有了呢？”两句对话交代了家变的症结，也提出了四种可能性。然后，又是“你说大少爷可真的去打日本去了吗？”的问话使问题进一步向症结的内里深入，又以老管事手里的信，引出耿大先生的病况和以往的家风。包袱逐步抖出来，直到发现他被炭火熏死在凉亭中，结束于“因为今天起了一点小风，说不定一会工夫还要下清雪的”。这个朴素的句子，也包括了两种可能性，所以用“说不定”来限制自然现象的条件句。这样的开放性语义表达结构，表现了萧红情感与理智的矛盾，即主观的愿望和理性对历史情境中普遍残酷的现实认识发生了抵牾；也体现着她思维方式的内在矛盾，即主观的愿望以主观的梦境来表现，真实的答案则保留在开放的悬念中。

在萧红文学开放结构的对话形式中，还有一种不确定性的语义是由对话双方的语义场与心理关联域的错位与隔绝生成的。留白成为无奈的含蓄，所谓言有尽而意无穷。《渺茫中》的妻子，听到革命者丈夫大名睡在隔壁神秘女人的房间，很快离去后音信全无，她独自抚养儿子几年，应对着儿子关于父亲的追问，她不断地在悲苦中阻滞真相，叙事结束于“渺茫中好像三月的花踏下泥污去”。缺失的所指，是她与幼子之间的心理阻隔，只有血脉交集的心理场域是错位的对话得以建立的契机。追问的内容显然关涉着大名的情感所向，而妻子犹疑于两种可能性，在开放中的叙事层面之下，呈现了两个伦理范畴的逻辑，而结尾的主观修辞意象则是萧红自己的性别立场与伦理价值观对这一事件的情感质疑，错位的对话形式则流露了她与激进革命主潮之间的心理距离。她曾经向朋友谈起过对一些著名革命女作家私生活方式的不习惯[1]，可见在情爱话语的范畴中，她与激进的话语体系之间有着深刻的心理阻隔。

《小城三月》中错位的对话，则主要是语义场导致的心理错位。翠姨满怀幸福地抑郁而死，因为“我的心里安静，而且我求的我都得到了”……含蓄的表白，可以理解成她在哈尔滨见了世面，得到洋学生们的尊重，也可以理解成她觉得获得了堂哥哥的真爱。哥哥却茫然得无言以对，“后来他提起死者常常落泪，却不知翠姨为什么死”。对于社交公开的洋学生来说，对她的尊重与帮助不过是再自然不过的礼貌教养。“大家也都纳闷”，是指家中其他成员并不知道翠姨心中的秘密，或者以为马上要嫁到有钱人家，如此幸运何来郁闷。继母似乎则只知其一，“要是翠姨一定不愿意出嫁，那也是可以的，假如他们当我说”。语义也有含混之处：复数的第三人称究竟是指父亲家族，还是指堂哥哥与翠姨？而特意派哥哥去看翠姨，显然知道翠姨的心事，“他们”是否也有指涉哥哥和翠姨的可能？而哥哥听了翠姨的表白，从此再没有看见她，可见并没有深刻的爱。一切都停留在朦胧暧昧中，翠姨的心愿是从对“我”的追问、关于洋学生的对话与日常的神情流露出来的。多种猜想的可能性都是特定时代文化氛围中各种心理纠葛带来的错位，这使语义的不确定性成为历史的必然。“只是不见载着翠姨的马车来”，这也流露了她的惆怅在伤逝，而不在爱情的无望。这样的错位对话形式在开放的语义结构中，容纳着人生的残酷无奈，这不仅是无法进入主流文化的遗恨，还有阴错阳差的千古意绪，近似“多情却被无情恼”式的单恋，而恋爱者的幸福感也是女性生命价值的实现。留白的艺术，在这里显示出含蓄之美，而且是凄美的绝唱。意境的优美与主题的多义，都使这部小说带有诗画融合的抒情品格。

在萧红语义开放的对话形式中，以多种可能性的叙事层面中的不

---

① 梅志．花椒红了［M］．北京：中国华侨出版社，1995：7.

确定性的语义保留了她对世界人生的未知态度，也体现了她在多种意识形态体系中无所归属的尴尬与文化认同的艰难。追问是质疑的基本逻辑形式，而价值寻求的叙事冲动则是自我放逐的目的——“向着温暖与爱的方向怀着永远的憧憬与追求”，这样富于超越性的高蹈境界，决定了她价值寻求的现实跋涉遥遥无期，只能留下一系列错位的对话形式。

萧红文学以追问开始，无所认同的精神流亡以对话的基本结构容纳了多种声音的交响与喧哗，呈现了她所处时代的多种话语方式。她以追问开始，以留白的多种可能性结束，以不确定的开放性表意结构生成关联着浩渺时空广大人生的意义，各种情愫汇聚成一个跋涉者价值寻求的深邃目光，无比单纯而又无比丰饶，超越了有限时空的所有阻滞力量，进入了富于原创性艺术思维形式的艺术美殿堂。

第五讲　象征：宇宙自然生命大系统互喻的心灵模式

——萧红文学基本的修辞手法

萧红文学的伦理诗学是建立在宇宙、自然和生命的大系统中，具有超越历史理性的情感逻辑。置于这个大系统中的人，与其他生物，与自然及宇宙，都有着依存与对抗的辩证关系。这反映了萧红自身世界观的矛盾，两个自我彼此冲突，精神徘徊在民间原始思维与“五四”科学理性之间。理性的自我接受的是科学民主的世界观，成为价值重估的文化之镜，而抒情的自我则对乡土人生满怀近于非理性的复杂感情。在这样的矛盾中，她以民众的精神为焦点，寻找浑融的实用性信仰中潜在的民族远古精神，发现与科学民主的世界观、人生观思想交集的话语资源，也找到了民族民间艺术思维的基本范式，以儿童的想象力，在溃败的农耕文明、强势的机械文明与浮华的商业文明之间，建立起象征的心灵模式，并且渗透进语词的缝隙，在互文的关系中，以比喻、隐喻、转喻等种种修辞手法，呈现出一个有机的生命图式。心灵逃逸出历史文化的怪圈，伦理诗学与永恒的宇宙自然一起流转，呈现出泛生态人类学的整体美学效果。

一

萧红的童年经验中有着民间对宇宙的集体想象，以传说的方式，体现在四时节庆的仪式活动中。最典型的是祭祀天地的野台子戏，“老天爷”是绝对主宰人格化的体现。其他如司雨的龙王、河神、土地、城隍等等，都以人的想象体现着宇宙的意志。在《呼兰河传》中，萧红记叙了自己耳闻的传说，天上那颗大昴星是灶王爷骑驴上天时遗落的灯笼，可见民间对于宇宙想象的奇诡，一开始就激发着她好奇的连续追问。有二伯回答她的疑问，“穷人不观天象”，那是多管闲事，可见天象是昭示着农耕民族生产生活所依存的宇宙秩序，凝聚着集体的敬畏，贫富的差别只在观察的兴趣。萧红的兴趣却从童年延续到成年，主要是以自然物象的变化，表现日月运行的四时气象。她的第一篇小说《王阿嫂的死》，开篇以植物的形态标示季节：“草叶和菜叶都蒙盖上灰色的霜……”《生死场》以一只啮咬树根的山羊，把叙事之端设定在夏季。而《蚊虫繁忙着》一节则是以洪水灾害为季节性的时空特征，随着叙事被动地演进，乡村的伦理秩序再次紊乱。《呼兰河传》以严冬的早晨开始，结束于夏秋之际的傍晚。在季节的循环与日夜交替中，表现对宇宙运行套层结构的感知。夏季傍晚的火烧云是最直接的表现，瑰丽而富于变化，而且没有传说的底本，只是激发壮美的感受。准时来去的乌鸦则保留在童谣中，像是宇宙的使者。宇宙、自然、生命和人类童年之间，在永不止息的运行中形成了长久的对应关系，在特定的时间链上连接。

对于自然的观照更是萧红文学重要的内容。人生的初始情景就是充满生机的大自然，后花园中的动植物启发着她的想象力。她的家族——乡土叙事是建构在人与自然的基本关系中，以及适应这种关系而制定的文化制度。而生命的卑微首先是在“老天爷的威风”之下，物质生命的贫瘠，其次则是精神的萎缩，除了祈求的祭祀、行贿讨好一无可为。对于民间思想的发现中，有着对古老的靠天吃饭的农耕文明的变革要求，她读中学的时候，曾经向闺中密友谈起，中国的农民实在是太苦了，只有实现机械化耕作[①]。在这一外来现代机械文明的

---

① 王化珏．访梁亚兰亲妹梁静芝及其丈夫马天浩［A］．孙茂山．萧红身世考［C］．哈尔滨：哈尔滨出版社，2003。

参照下，萧红对乡土生存满怀悲悯，而对民间传统的自然观则不大以为然。她以俯视的角度，表现人在严酷的自然环境中，极为渺小的存在，《生死场》中罗圈腿出场，“在草帽盖覆下，像是一棵大型菌类”。这既是体量的对比，也是时间的对比，十年以后，他就非自然地死于外来暴力。植物自然死亡是在完成生育功能之后，并且来年春天重生，而罗圈腿尚未婚娶，生命却了无留痕。她描写夏日的暴雨，“高粱地像要倒折，地端的榆树吹啸起来有点像金属的声音”，闪电之下，“全庄忽然裸现，忽然又沉埋下去。全庄像是海上浮着的泡沫”。人的宇宙性降格为瞬息破灭的物质幻象，而混乱的哭叫声，则使“农家好比鸡笼，向着鸡笼投下火去，鸡们会翻腾着”。《荒山》一节则形容农人在早春的田野备耕，“像醒来的蛰伏虫子”。《呼兰河传》中，一系列人在严冬中的感觉，凸显了文明的脆弱。卖馒头的小贩滑倒在冰冻的地面，馒头掉到冻裂的地缝中，他无奈地说：“好冷的天，地皮冻裂了，吞了我的馒头。”所有的修辞都是以渺小的物为喻体，形容人在自然中的孤绝无助。

但是，对于自然的热爱则是在美好的季节，挣脱迷信观念之后，来自心灵的喜乐：“菜田的边道，小小的地盘，绣着野菜。”一个及物动词，表现了人与自然和谐相处的理念，潜藏着人与大自然化育之功直接的互文关系。这样的心灵辩证法，隐含着传统文化心理的传承。《北中国》中乡绅之家的败落是从伐树开始，从祖宗那里继承来、准备世代保留下去、以证明门第光荣的大树，以往连树皮都不许饥民剥，而且禁止打鸟，因为是杀生，破坏鸟窝则是不道德的，使鸟没有家。这样的文化理念中有着以自然生态大系统为整体背景的生命伦理，所有的物种都处于彼此依存的关系中。异族的来犯破坏了原有的和谐，社会的崩坏、家道的衰败与动植物的毁灭，同构出整体的灾难场面。噩梦一样的末日景象，凝结为萧红伦理诗学中最为完整的负面价值，一如《放火者》中日机轰炸后遗留的废墟，残留着被烧得变形变色的小树立在断壁残垣中。

以生命为核心的伦理诗学，使萧红文学中的动植物具有特殊的表意功能，渗透在形象的逻辑与修辞的缝隙中。动植物自身的智慧复现在乡土儿童的想象世界里，重合于“五四”自由民主的理想。在萧红复现的童年乐园中，最寻常的草木昆虫都具有诗性的灵魂。“花开了，就像花睡醒了似的。鸟飞了，就像鸟飞上天似的。虫子叫了，就像虫子在说话似的。……都是自由的。”（见《呼兰河传》）新式教育的格物学启蒙，使传统的文化理念以最朴素的感觉方式，呈现在生生不息的自然形态中。冯二成子从壮年到老年，经历了内心的惶惑、结婚生子、妻与子相继死去、雇主易人，却仍然敲打着梆子磨面，陪衬着他的是经历了几度繁华与几度凋零，好像世世代代要存活下去，经冬复历夏，年年照样在园子里开放的大蔽茨花（见《后花园》）。卑微而苦难的人生，在寻常草木一样的生命周期循环中，因为切切实实地生活过，而获得至诚至真、永恒的伦理诗学价值。而动物在萧红的作品中，几乎与人处于平等的地位，在生命进化的谱系中，是与人类最靠近的物种。因为失去小狗而仓皇喊叫的大母狗，勾起萧红失去孩子的悲伤，而小狗则激发着她被压抑了的母爱，关于小狗命运的对话和人类社会的苦难比拟，感同身受的惨然直述出黯淡的心情，好像自己是躺在木板下腐烂的小狗，“像是听着苍蝇在自己已死的尸体上寻食一样”（见《小黑狗》）。至于“同命运的小鱼”，则让她潸然泪下。如果说在萧红的文本中，植物更多地象征了她对顽强生命力的赞美，而动物则更集中地象征了生命的脆弱。

宇宙、自然与生命的大系统，一开始就是萧红文学最广阔的场景，使所有泛文本的知识谱系得以重新整合，现代文明的科学理性筛选了古老农耕文明的信仰知识，自然以泛灵的本真面目在场，成为人类社会的参照系，使所有的物种都在泛生态人类学的光谱中显现各自生命的独特色彩。

二

萧红以生命为核心的伦理诗学，因为有无限运转的宇宙自然生命大系统作为支撑，在泛灵的生物圈中，农耕文明与其他物种的密切联系，就是在写实的层面也彼此交融得难解难分。人与自然的关系转换在文本中，就形成了人与物的互喻关系，这一关系是以自然乡土中最常见的物种为主要载体，因为朴素至极而带给萧红文学通体象征的整体效果。

萧红文学人与物的互喻形成的象征表意结构，通常是以意象与场景完成，这在她的成名作《生死场》中最为明显。全书共十七节，叙述战前生活的前十节，题目都是乡土的寻常景物：麦场、菜圃、老马走进屠场、荒山、羊群、蚊虫繁忙着、十年，都是自然经济的基本时空意象。而且各有各语义覆盖的不同象征层面，《生死场》最初构思的名字就是《麦场》，麦子是北方古老的传统作物，加工成熟庄稼的场地，是农耕民族最寻常的生产空间，而麦场因此成为北方乡村的整体象征，统领全篇的基本语义。“菜圃”是副食生产的场地，又主要是妇人集团工作聚集的地方，处于农耕文明的边缘位置。“老马走进屠场”也是寻常的乡土情景，象征着王婆乃至所有破产农人的命运。“荒山”则是荒凉的语义载体，象征着破产农人与自然关系的转变。“羊群”则是畜牧业的物象，处于农耕文化边缘的边缘，属于辅助性的劳作，象征着王婆一家由种麦的中心地位滑到靠副业谋食的处境。在萧红晚期的作品中，这一象征的意图越来越明显，所有的题目几乎都指涉人文地理与生产空间。《北中国》《呼兰河传》《后花园》《小城三月》，加工粮食的磨坊更是一再出现，成为种菜的后花园中核心的建筑标志。

《麦场》后由胡风改为《生死场》，以读后记强化着阶级论为核心的政治学与社会学内容，突出了民族国家的时代主题，以象征为表意的基本结构却被弱化了。当年鲁迅为她作的序言中，就指出她“叙事写景胜于人物的刻画”，后来又当面告诉她这也不是好话，隐含了人物刻画较弱的批评。而聂绀弩则转述别人的评论，干脆说她的人物“面目不清”“性格不明”[①]。这都是出于以人物性格为核心的现实主义美学圭臬的法典，而且是以排除了自然意识的社会学为审美框架。萧红回应这些批评，也回应其他关于文学标准的法典，是以自己关于文学与小说的自由理解：有一种小说学，小说一定要写得像契诃夫、巴尔扎克，但是“我不信这一套。有各式各样的生活，有各式各样的作家，就有各式各样的小说”[②]。可见萧红真正的美学理想一直被主流意识形态所误读与遮蔽。

在《生死场》中，所有超自然和主观修辞的题目都和苦难与灾祸相联系：《刑罚的日子》《罪恶的五月节》《传染病》《年盘转动了》《黑色的舌头》《你要死灭吗?》《失败的黄色药包》《不健全的腿》，都伴随着暴力、死亡与求生的挣扎。《到都市里去》与《尼姑》都是金枝的故事，相应于《老马走进屠场》，叙述乡村女性另一种命运的悲苦。在这个整体的框架中，灾难起于富于整体象征的自然物象的隐秘深处，而被遮蔽的情节链条则为后面的重要情节埋下伏笔。《荒山》一节中李青山组织镰刀会抗租，因偶然的意外失败，赵三被地主软硬兼施折了锐气，卖掉耕牛后迅速破落；打鱼村最美丽的女人月英在完全得不到治疗的病痛折磨与丈夫的冷酷抱怨中死去。一直到表现水患的《蚊虫繁忙着》，在场的主要人物基本是挣扎在贫困线上，没有死亡的直接场景。死亡的意素隐蔽在表层的叙事之外构成阴暗的背景，比如被赵三误伤的小偷由地主出面了结生命，暗中连缀起赵三一步步破产的情节。但是所有的恶性事件都以主观的因素，突出着死亡的主题。《刑罚的日子》是三个女人生产的场面，五姑姑的姐姐难产，受

---

① 聂绀弩. 回忆我和萧红的一次谈话［A］. 聂绀弩. 高山仰止［M］. 北京：人民文学出版社，1984。

② 骆宾基. 萧红小传［M］. 哈尔滨：黑龙江人民出版社，1981。

尽身体与精神的折磨，却生下一个死婴。《罪恶的五月节》，叙述了两桩杀子的故事，王婆当胡子的儿子因为没钱过节，受姘妇唆使抢劫，被官府抓获处死；刚满月的小金枝被生意折损的父亲成业，在暴躁盛怒之下摔死，死的意素成为主旋律："坟场是死的城郭，没有花香，没有虫鸣，即使有花，即使有虫，也都是唱着别离的歌，陪伴着死者永久的寂寞。"传染病更是死亡叙事的一个高潮，遍及整个乡村，再次浓缩在乱坟岗子狼藉的总体意象中：村人被死亡威慑得近于麻木，人死了不哭，接连不断地静悄悄地抬着草捆或是棺材走向那里，野狗安然地嚼着尸骨发出响声，被拖断了四肢的小尸体没有人埋葬……最后的六节在第十一节《年盘转动了》的总体统领下，以更强烈的不谐和音响表现死亡的主题。而且区别于前九节的方式，多数是非正常的死亡，整个乡村萧条下去，笼罩在暴力恐怖的混乱中。前九节的死亡如第十节《十年》所概括的："大片的村庄生死轮回着和十年前一样"，同构于静静流淌的河水、随着季节更换衣裳的山坡，以及在这个规律中，随着吟唱孤儿悲苦的旧调童谣长大的孩子们，基本属于"四时行焉，百物生焉"的天道，即使悲惨也属于"天地不仁以万物为刍狗"式的浑茫蒙昧。由于历史时间的断裂，亡国的深重苦难使生与死的意义发生了根本的转变，自然的轮回变成了人为暴力的灾祸，比自然的严酷更直接地威胁着生命，整个村庄像是屠场，乱坟岗横陈着被屠戮的死尸，有一个是××党的女学生。古老的天道由走投无路的呼喊变成敢死抗争的精神力量，凝聚在鳏寡村民抗暴敢死的盟誓仪式中。无论是由于王婆所见闻到的、远处行使的火车导致农耕经济的破产，还有汽车枪炮导致的屠杀，其指涉的都是现代的机械文明。因此，在《生死场》的象征表意结构中，在人与自然的关系里，还显示了人与自然两种不同的联系方式，即农耕的方式与机械的方式，前者是与宇宙自然依存的方式，而后者则是反宇宙、反自然的方式。是这两种方式的文化时间替代，彻底更改了同一空间中生与死的方式与意义，自然的生命因此而改变形态，迷信良心的赵三成为鼓动抗日敢死的义务宣传员，保守谨慎的二里半退出盟誓，终于在家破人亡之后，跟上李青山去敢死。

民间的历史视角，使萧红文学建立在人与自然两相对立中的模式，是以自然生命与依存于自然的农耕文化为基点，乡土社会的寻常景物由此承担起整体象征的功能。《生死场》中最先出场、在路边啮嚼榆树根端、引出寻找它的主人二里半的山羊，最终以茫然的嘶鸣伴着二里半颠簸着远去的背影，结束全部的叙事。它的表意功能是双重的，在写实的层面关联着二里半心理发展的逻辑，由于找寻它与邻人争执挨打受到村民嘲笑，以为兆相不好而想卖掉它，盟誓时舍出它做祭天的供品则是因为反正也要成为小鬼子的了，关键时刻又找来一只鸡替换它，敢死前准备宰杀它，却终因下不去手，羞愧得摸着山羊的毛皮像基督徒一样祷告之后，交给赵三代为照看。在二里半与动物的感情依恋中，包含了农耕民族与自然依存的生命伦理，一如吃羊奶长大的有二伯不吃羊肉一样，心理关联着建立在众生平等观念中的互喻性关系，也负载着乡村贫困而和平的生活和农民最基本的生活理想，整体上构成漫长文化时间中乡村和平生活的象征。一直到1940年，萧红在表现鲁迅一生奋斗的哑剧《民族魂》中，还设计了一个牵羊人，尾随着鲁迅小说的人物，可见用意至深。它的失而复得，它的一再侥幸逃逸死亡，都喻示着和平的乡村生活方式独特的历史境遇，在失而复得与一再逃逸死亡的命运中，显示着民众渴望和平安宁的生活理想，而以茫然的嘶鸣送别主人简直是仪式性的画面，既表达了义无反顾的二里半对和平生活的留恋，也寄托了萧红对惨烈牺牲的乡土民众由衷的祝福。羊的意象关联着和平、善良、温顺的广大语义场，在《朦胧的期待》中，再一次成为恋爱着、惦记出征良人的女佣李妈沉寂神态的喻体。

在这只羊所象征的古老乡村整体生活方式中，还有一些与之相交的局部子集。《麦场》一节中的老马和小马，分别对应着王婆与平儿。马之间有着舐犊情深的天然母子血缘联系，而王婆与私生子平儿之间则血缘无涉。王婆驱斥平儿，《荒山》一节又强迫他脱下唯一的毡靴，在冰雪中赤足而行，平儿看见小马依恋老马而伤怀落泪，都表现了缺失母爱的悲惨孤儿处境，呼应着《十年》中"谁家孩子没有娘"的古老童谣，在阶级、种族的话语体系之外，表达了更永恒的人生悲苦。在这个层面的互喻关系中，人比动物孤零的意素显现出来。童谣与后续的七节亡国奴的处境相勾连，因此也隐含着"没有祖国的孩子"的意素。而王婆与老马的关系，则在屠场的情境中，互相印证，聚合为人与动物一样任人宰割的意素。在生命伦理的层面，还有着人对动物的忏悔，与《麦场》一节相呼应，引起平儿羡慕的小马也将失去母亲，原本相悖的连缀对比聚合为深层相同的孤儿意素，人与动物因此合为一体，重合于"没有娘"的不幸命运。而王婆含泪把跟随出来的老马引回屠场的情节，简直惨绝人寰，超越了物种之间的界限，是生命与生命之间互为主体的悲情演绎。

这种建立在人与物的互喻上的通体象征手法，在萧红的作品中大量地存在。有的直接体现在题目中，除了上文提到的《小黑狗》之外，还有《两只青蛙》《花狗》，动物在象征的表意结构中，也近似于《生死场》中羊的功能，以被捕捉的青蛙象征被囚禁的政治犯，以花狗的病危过程，整体象征惦记出征儿子的李寡妇丧失了生活秩序。其他如《旷野的呼喊》《汾河的圆月》《莲花池》《山下》等作品，也和她的呼兰河系列一样，都是以自然物为意象容纳社会人生的悲剧故事，带来整体象征的诗性效果。

三

萧红文学在宇宙自然生命大系统的整体表意结构中，通体象征的效果是以各种艺术方式共同完成的，互喻的方式主要体现在蒙太奇式的画面剪接。她以不同性质的物之间的对照，归纳出直述的语义，使整体的象征和比兴的古老修辞相融合，完成整体的叙事。

萧红从小酷爱美术，哈尔滨求学的经历使她有机会接触20世纪西方的先锋美术，她中学美术课的结业作品就是一块石头上放着一副烟袋，受到老师的好评，为其取名“劳动者的恩物”①，可见象征主义美术潮流的影响。象征主义表现主观感受，相通于重主观感觉、以意境与意象表达整体感受的中国古典诗文传统，契合着萧红对于世界总体把握的艺术理想，作品中充满了富于暗示的场景与细节。《生死场》中《刑罚的日子》一节，三个女人无关联的生产场面，具有先锋美术一样的构图，带有超现实的特点，女性的身体具有装饰的效果。开篇是以房后草堆上狗的生产为起兴，“暖和的季节，全村忙着生产”。五姑姑的姐姐难产，在丈夫的骂声中挣扎，死婴“像投一块什么东西在炕上响着”。金枝则是由于丈夫的不节制而早产，以“四月里，鸟雀也孵雏了”起兴，以马和牛在夜间发情前后呼应着连缀成篇，归纳为“在乡村，人和动物一起忙着生，忙着死”……麻面婆在哭闹中生下孩子，与此同时“窗外墙根下，不知谁家的猪也在生小猪”。生殖的主题意素复现着人与动物共同的生物性，而且“小猪的队伍逐渐肥起来，只有女人在乡村夏季更贫瘠，和耕种的马一般”。人与动物彼此参照的生殖，跳跃的叙事使富于镜头感的场景之间具有蒙太奇式的逻辑连缀，使语义在形象与场景的对比中更加饱满。

萧红一直都想涉足电影创作，朋友中也有从业电影的人，电影蒙太奇的手法与古典诗文时空跳跃的联想特征也颇多相似之处，也形成她以组接的场景含蓄暗示语义的艺术手法。《呼兰河传》第一章，是以镜头般的推拉摇移，从外围切进内里，大量的空镜头穿插着特写，在画外音一样的叙述中，介绍了小城的沉寂、衰败与萧条，以大泥坑为总体的象征。然后由中心切入边缘的小胡同，以卖麻花的叙事段落表现居民简陋的日常生活状态。最后定格在火烧云，伴着大群乌鸦飞过的响动和童谣的画外音，逐渐暗淡的天空使小城沉入荒野。然后是

① 孙延林. 萧红研究（第一辑）［C］. 哈尔滨：哈尔滨出版社，1993。

以仰角呈现宇宙星空的永恒图景，大昴星、天河与月亮，照耀着生老病死的循环人生。俯视的镜头带来卑微的人世情景，悲凉的诗情便充盈在人与自然极端失衡的比量中。

以人与物互喻，几乎是萧红下意识的修辞习惯。第一篇小说《王阿嫂的死》中，这一特征就表现得很充分。景物是主观化的："山坡上的羊群、牛群，就像小黑点似的，在云霞里爬走。""后山不知什么虫子，一到中午，就吵叫出一种不可忍耐的幽默和凄怨情绪来。"在这样物我同一的联想中，人则和物极度相似："王阿嫂……若不是肚子突出，她简直瘦得像一条龙。她的手也和爪子一样，……她的悲哀像沉淀了的淀粉似的……"一连三个比喻，由动物到食物，描述了主人公形体的瘦弱与心境的悲哀。她丈夫被地主放火烧死，"脑壳竟和半个破葫芦一样"。她产后死去，领养的孤女惊慌失措，"小环是一个被大风吹着的蝴蝶，不知方向，她惊恐的翅膀痉挛地在振动"；闻声赶来的村妇们看见王阿嫂的遗容：眼睛"像一个大块的亮珠，虽然闪光而不能活动"，牙齿"像猿猴一样"突出。而提着蝇绳的张姓地主则和"一只阴毒的老鹰一样，振动着翅膀，眼睛突出，鼻子向里勾曲着"……这样的修辞关联着宇宙（太阳与秋天的景物）、自然生命（蝴蝶、猿猴、鹰）、无机物与有机物（珠子、淀粉）和文化想象物（龙），语义场可谓繁杂宽广。

萧红就是对一个人物的修辞，也随着场景变化，发生极大的改变。《生死场》中的王婆一出场被指涉为"乡村夜晚的精灵"，被孩子们称为猫头鹰，打平儿的时候像老虎，死而复生的时候像膨胀的鱼泡，被蚊虫包围着睡在院子里则像被蚂蚁拖着的死苍蝇，可在为密谋的村人望风的场合，就像防备猫的小鼠了。麻面婆，在家的文化环境中，有着可怕的大眼睛，"比起牛的眼睛更大"，她抱着柴草进屋，则是"母熊带了柴草进洞"，她翻柴堆找羊累得"像狗在柴堆上耍得疲乏了"，一连串比喻设计的都是动物，而且是大中型动物，区别于开始的描写：以蝴蝶的自由翻飞衬托她永无休止的劳作，汗水流进脸上的疤痕，“麻面婆不是一只蝴蝶，她生不出磷膀来，只有印就的麻痕”，她一走进地里，就像是“微点的爬虫”。从文化空间进入自然空间，形态立即发生变化，人与自然的关系改变了人与文化的关系。一如暴雨之后的高粱，被彩虹照耀得“像红色的水晶，像红色的梦”。植物在联想中变成矿物，客体变成了主体，天人合一的意境体现在审美的高度愉悦中。不断转换视角的修辞，使整体的象征在不断变化的喻体链中，增值着新的意素。

在萧红文学整体象征的表意结构中，修辞涉及的语义关联域不仅分别属于宇宙、自然、生命、文化，而且喻体与喻义之间还有着联系方式的差异。有一些修辞是定位指涉，也就是约定俗成的比喻方式。《生死场》中以生殖为核心的人与动物互喻，起兴的艺术手法就取自民间泛性联想的修辞传统，以至于未婚受孕的金枝，被贞操观念压迫得看见两只落在一起的蝴蝶也觉得罪恶。以猪狗一类家畜形容人，也是民间至今习以为常的骂人口语。萧红写于1934年的《出嫁》，以第一人称记叙了被囚禁在阿城福昌号屯半年多的生活片段，发泄对于家族的愤恨，叙述了厨房混乱的日常景象，“……烟和气，哭和闹，好像六月里被太阳蒸发着的猪窝”。此外，以鱼来形容女人，也属于这个泛性联想的隐喻传统，是《生死场》中出现频率最高的定位指涉，成业追逐金枝是唱着打鱼的小调出场，到河边打鱼成为青年男女约会的转喻，成业的婶婶和王婆都回忆过年轻时的类似经历。五姑姑的姐姐在土炕上生产，“光着身子的女人，像一条鱼似的，她趴在那里”。在王婆家快乐聚会的女人们，听到起事抗租的消息，忧郁地一个个寂寞地走了。“她们好像群聚的鱼似的，忽然有钓竿投下来，她们四下分行去了！”王婆的尸体在扁担的重压下，突然涨起来“像鱼泡似的”。北村老婆婆因为抗日敢死的儿子牺牲，绝望得和三岁的孙女菱花，“一并排悬着，高挂起正像两条干鱼”。鱼泡与干鱼既指涉着瘦弱，也隐喻着无性的身体。在这一无性的语义范畴，鱼作为冰冷无情感的喻体，在萧红的语言结构中，才能超越性别的定位指涉，修饰所有冷漠的人，在《镀金的学说》中用于比喻父亲。

这一定位指涉具有明显的男性立场，而与之相对的则是女性立场的定位指涉。金枝被成业引诱，“……姑娘仍和小鸡一般，被野兽压在那里”。缝穷的周大娘对她说：“缝穷婆谁也逃不过野兽一样的男人。”可见，野兽是对男人的定位指涉，一如《红楼梦》中迎春的判词：“子系中山狼……”其他如发情的马和牛，所有大型的动物，都属于同一个文化语义场。还有些定位指涉，也有丰富的文化容量。比如，象征不祥的猫头鹰反复出现，民间的说法是“夜猫子进宅，好事不来”，萧红用来修饰各种严厉的人物（如王婆和继祖母），也用来局部修饰处于危险境地的人，在《记鹿地夫妇》中形容紧张的池田眼睛睁得“像枭鸟的眼睛”，一直到《民族魂鲁迅》的第一幕，也结束在“舞台全陷在黑暗里，只有脚尖有亮。一个人牵一条羊上，四面黑暗里显得出百千的猫头鹰的眼睛，牵羊人大惊而逃。小羊仔怔忡了半天，不知往哪里跑……”《生死场》中二里半的化身进入了鲁迅生平的间隙中，孤绝的小羊仔和百千的猫头鹰之间，形成力量悬殊的对比，再次组成一个整体的象征隐喻结构。又比如“鬼”在萧红的文本中，也是经常出现的喻体。《弃儿》中临产时像野兽一样惨叫着的芹，像鬼一样囚在奔跑在大雨中的马车里。《生死场》中病重瘦弱的月英彻夜不眠，丈夫却顾自睡觉，“好像一个人和一个鬼安放在一起”。《一九二九年底愚昧》，萧红回忆母亲为了卢布能够升值，彻夜烧香拜佛，“家里像闹鬼”。对于鬼的信仰，在中国民间源远流长，萧红在回忆鲁迅先生的时候，特意提起他讲述早年“打鬼”的往事，并且写进哑剧《民族魂鲁迅》的情节中。可见这个喻体，在萧红反讽的修辞里是覆盖着广阔文化时空的象征。

还有一些喻体只是民间生活的口语习惯，并不带有文化喻义的定位指涉，却关联着定位的文化指涉的语义场。《弃儿》形容旧布鞋像瘦猫，蓓力是“弯着腰的虾”。《生死场》中，形容月英是病猫；《呼兰河传》中逛庙一节，描写走散了的孩子被聚集在门口，哭喊着“好像小兽似的”。在最后的北平之行中，形容雨中的东北军战士像“泥猴”。在《孩子的讲演》中，形容小战士懊恼于讲演的失败俯在桌子上，像一头小牛犊撞着栏杆；在《滑竿》中，形容抬着滑竿上山的脚夫喘息的声音，“就想起海上在呼喘着的活着的蛤蟆”。都关联着农耕文化民间口语的修辞习惯，可以称之为准定位指涉修辞。

这些定位与准指涉的修辞喻体，有着民间口语的生活基础，是历史文化的语言切片，镶嵌在萧红文本的语言结构中，其中以人物对话最为生动。《呼兰河传》中漏粉人住的危房，夜深人静的时候，房子山响，被吵醒的人翻个身说：“房子又走了。”这样拟人的联想，隐含着人与物之间共同的衰败状态，“好像已经有了血统的关系，是非常信靠的”。小童工铁子说：“这是住房啊，也不是娶媳妇要她周周正正的。”邻人们对王大姑娘最初的评价，有着《陌上桑》式叙事角度不断转换的技巧：母亲说“我没那么大的儿子，有儿子我就要娶她，这姑娘真响亮”。老厨子说她大辫子大眼睛，怪好看的；周三奶奶说：“这姑娘真是一棵大葵花，又高又大……”杨家老太太说：“这姑娘的脸红得像一盆火似的。”《小城三月》中的翠姨，在京旗之家的婚礼上被激赏为“蜡梅花”等等。口语中充满了以物喻人的修辞特征，而且喻义可以借代，喻体则隐蔽在修辞的自由连缀中，体现着民间思维方式的非逻辑跳跃的话语特征。

萧红运用的口语中，还有一些是熟语。比如，《黄河》中阎胡子回忆山东大水：“白亮亮的，哗哗的，……和野牛那么叫着……”叠韵象声词的运用使声音形象饱满而生动，最终汇合在动物的叫声中；而叙述生计艰难，“在此地谋生，就好比苍蝇落在针尖上”，也是民间俗语的表达方式，形象而夸张。其次，流传久远的童谣，诸如“……上山打老虎”等，也是萧红文学大量采集的修辞方法；还有一些民间的格言，比如，形容家风和气的赶车胡姓房客：“在家一盆火，出门父子兵。”修辞的比喻积淀着久远的历史文化信息，铺垫出萧红文学浓郁的民间生活氛围。

还有一些民间口语的准定位指涉的喻体，已经衍生出现代语用的新意素，引申义也带有定位指涉的性质。在《一条铁路底完成》中，她用牛的叫声形容学联主席从扩音喇叭中发出的声音，在《亚丽》中形容历尽磨难而来的朝鲜女孩儿，像战场上负伤的骏马等等，以牛马的精神转喻埋头苦干的牺牲精神。当年萧红出入左翼文人沙龙牵牛坊，因为尊崇鲁迅先生"俯首甘为孺子牛"的精神，朋友们都以牛为雅号彼此称呼，有新朋友加入，便戏称为又牵来一头牛。可见，这个衍生语义也已经具有新的准定位指涉性质。而《小城三月》以短暂的春天形容无望的爱情，比喻夭折的生命，则是民间定位指涉与文人传统语用及现代语义的多重整合。

这些定位和准定位指涉的修辞，语义关联着文化心理的漫长时间，渗透着乡土的情感与思维方式，是萧红文学庞大根系所牢牢盘结的土壤。修辞的民间口语风格，是萧红的心灵世界与民间社会息息相通的精神气脉，也是她的艺术思维与民族民间原始思维交集的部分。

四

与这些关联着民族文化心理的定位和准定位性指涉修辞不同，萧红文学中用于修辞的大量喻体是自我指涉，属于个人自由联想的自定义，在自然生命的大系统中，物与物之间的类比联想，赋予客观描写的对象以主观的意蕴。

在《一九二九年底愚昧》中，她形容自己莫名的愤怒"大概像是厨房里烤在炉子旁的一张抹布那么冒烟了吧"。她写给许广平的信，以"街上的车轮"和"檐前的滴水"，形容在重庆所到之处都是青年赞颂鲁迅的声音。《生死场》中形容生性懦弱、不会反抗的麻面婆每遇不快，"她都像一摊蜡消融下来，……心里好像永远贮藏着悲哀，心永远像一块衰弱的白棉"。冬天的乡村妇女，"像松子"那样容易结聚。以佛龛比喻月英的居室，病瘫的她"……好像佛龛中坐着的女佛”。形容村民在死亡恐怖中近于麻木的精神状态，“患着传染病一样的全乡村又在昏迷中挣扎”。对于朝鲜流亡革命者亚丽，则随着情节的起伏变化，用了女神、负伤的骏马、勇士三个喻体赞美之。而以动物为喻体修饰动物，也是她自我指涉的方式，比如她在写给萧军的信中，形容东北军的马匹脊背像鱼的脊背一样连成一条线。

这样的比喻带有随机联想的意味，但是喻体有着不同的属性。其中，最大量是自然系统的物象，包括气候现象、矿物、植物、动物与人。在《初冬》中，她描述自己的心情“就和离了岸的海水一般，若非遇到大风是不会翻的。……仿佛自己是沉坠在深远的幻想的井里”。在《呼兰河传》中，叙述院子里的蒿草，一下雨就迷漫得朦朦胧胧的，像大雾，像阴天，下霜的早晨，混混沌沌的，“在蒸腾着白烟”。比如，《后花园》形容早晨露水，“倭瓜花的中心抱着一颗大水晶球”。在《最后一块木柈》中，形容“没有明暗的幽室，人住在里面，正像菌类”。在《看风筝》中，形容为革命舍弃亲情的刘成，“他是一条狼，一条没有心肠的狼”。在《他去追求职业》中，形容爱人“他是一头受冻受饿的犬呀”。在《饿》中，比喻困守旅馆房间的自己，是“饿在笼子里的鸡”。在《搬家》中，直述“我好像落下井的鸭子一般寂寞并且隔绝”。《呼兰河传》中，形容王大姑娘说话响亮，像是落在房顶的喜鹊叫。她与冯二成子的婴儿睡在草窝里，“好像小孩儿睡在喜鹊窝里似的”。形容漏粉人住的三间破草房，“毛头毛脚地”，住在里面的人“和小猪差不多”，而粉房里的歌声“就像一朵红花开在了墙头上”。人与物的互喻连续转换喻体性质之后，听觉形象也转变成了视觉形象。在《又是春天》中，她描写冰块随波逐流，“也像有生命似的，看起来比人更快活”。

在这些自定义的互喻修辞中，喻体和喻义之间基本属于同一个文化范畴，具有内在的同一性，被宇宙自然生命的大系统所涵盖。另外一些喻体则是在自然物与人工物之间建立互喻的想象。《弃儿》中，表现洪水中逐渐暗淡下去的街道，“黄昏慢慢地耗，耗向黑沉沉的像山谷，像沟壑一样的夜里去。两侧楼房高大空间就是峭壁，这里的水就是山涧”。《黄河》中，描写河水“扭绞着旋转着和鱼鳞一样”，各种颜色补缝的帆，“像翡翠的翅子，像蝴蝶的翅子”，而“冰排从上边流下来的声音好像古琴在骚闹着似的”。她在散文《饿》中写道：“大概我像一个没有灵魂的，纸剪成的人贴在门扇。”而“肚子好像被踢打放了气的皮球”。在小说《手》中，她形容春天的气息，使“被冬天枷锁了的灵魂，和被束掩的棉花一样舒展起来”，而“雪地好像碎玻璃似的，越远，那闪光就越强”。自叙性散文《广告副手》中，“20元像压榨机一样发动起来”。其他如《烦扰的一日》以瓷人比喻眼珠定定的女佣；《黄河》中以陶器比喻艄公阎胡子，都是相类似的联想。这样的比喻修辞，最直接地体现着自然与文明的两相对立。

还有一些比喻则是以不同文明类型的事物互相参照。《旷野的呼喊》以大风为灾难的总体象征，“活的村庄变成了刚刚被掘出土地的化石村庄了”，是以死去的历史比喻现实。在《一九二九年底愚昧》中，形容募捐的蓝色纸花中黄色花心，是“小金点”“小铜钉”，则是现代都市文化与传统文化之间器物组接的比喻修辞。《访问》中描写俄式民居，“在冬季的黄昏里，所有的房子都呈现灰白色，好像出了村子的白兔，为了疲倦躺卧下来”。这是跨文化的联想，包含了乡村与城市，联系着不同种族的文化。《桥》的主人公黄良子，听到儿子的哭声从桥对面传过来，“那声音扩大起来，显微镜下面苍蝇翅膀似的……”则是现代都市文化的知识话语对乡土人物心理的主观修饰。《呼兰河传》中形容路人鞋底冻冰的形状，“好像初次穿上滑冰鞋，被朋友推上溜冰场似的”，形容看跳神的人众，“比西洋人赴音乐会更热心”，都是以不同的文化场景相类比，而且语带幽默。散文《当铺》中，她形容火车“锁链一般地爬向市街去”。夜里人家像在烟里一般，“若没有灯光流出来”，那么，“所有楼房就统统变成幽寂的没有钟声的大教堂”。而街灯像“扯在太阳下的长串的黄色的铜铃”，这是农耕文化与现代都市文化的想象连接、世俗生活与宗教生活的空间类比。这一类随机的联想方式，语义的关联域是她心理关联域的外化，体现着萧红经验世界的跨文化特征。

五

在萧红自定义的修辞结构中，也可以发现一个潜在的基本的、两相对立的形象逻辑，并且和支撑着她所有语言结构的宇宙自然生命大系统相吻合，使自我指涉与定位指涉之间产生交集。

在萧红文学自我指涉的喻体中，所有新鲜的生命都是美好的，无生命的事物则是可怕的，所有衰败的、枯萎、残缺的生命都是可怜可悯的，生和死的两相对立由此体现为与季节相联系的永恒复活和永恒死亡。《生死场》中描写春天勃勃生机，“叶子上树了，假使树会开花，那么花也上树了”。《后花园》里的夏季风景如诗如画，黄瓜嫩绿的须蔓的梢头，好像是淡绿色的玻璃抽成的，“一触非断的样子”。玉米的嫩缨“好比女人绣花的丝线夹子打开了，红的绿的，深的浅的，干净得过分，简直不知它为什么那样干净”……盛开的花“把六月夸奖得和水滚着那么热”。从磨坊看鲜明的园子，“简直是金属的了，简直像在火里烧着那么热烈”。一连串的比喻都是以精美的人工物品为喻体，而夜里“虫鸣、狗吠和梆子混合，好像三种乐器”，简直就是对天人合一境界的优美赞誉，是生命的颂歌。而死亡则和象征着冬天的意象以及无机的喻体绞缠在一起，在散文《搬家》中，萧红叙述陋室“简直是夜的广场”；在《飞雪》中，叙述寒夜中的梦魇，“……一群小猪沉下雪坑去……麻雀冻死在电线上，……仍挂在电线上，行人在旷野白色的大树林里，一排一排地僵直着，还有一些把四肢都冻丢了”。机器更是负面的价值喻体，她在《镀金的学说》中叙述自己在充满话语暴力的家，无法忍受像机器一样的压榨。而鼠洞一类幽暗逼仄的所在，更是与死亡相连接，《过夜》中形容自己病中昏睡在老妓阴暗的破屋，好像和老鼠住在一起；《记鹿地夫妇》形容他们危险的处境，是“站在狼洞里的孩子”，像小鼠一样紧张。这样强烈的生死对比，印证着19世纪俄国文论家车尔尼雪夫斯基的著名论断：“但凡活的东西本性上就恐惧死亡，恐惧不存在，而爱生活。”[①]萧红一生多次向人谈起死的问题，都取恐惧的排斥态度，在这个联系着生死两相对立的象喻结构中，她以生为价值核心的伦理诗学，得到了最形象的阐释。

萧红文学生死两极的对立的象喻，以人的生存为原点，以各种修辞手法派生辐射出繁华与荒凉的对比。《弃儿》中走出医院的芹，“……只有眼前的一条街要她走，就像一片荒田要她开拔一样”。《生死场》中的王婆简直是一个乡村里的浪漫主义者，永远欢迎夏天，“因为夏天有肥绿的叶子，肥的园林，更有夏夜会唤起王婆诗意的心田”。萧红借着王婆的心灵抒发着优美的田园诗情，而荒蛮的黄河则激发着她恐惧的悲情：“早晨，太阳也许带着风沙，也许带着清朗来到潼关的上空，它抚摸了那广大的土层，它在那终年皆迷漫着的静止在风沙里边的土层上，用晴朗给摊上一种透明薄纱一样的光彩，又好像月光在八月里照在森林上一样，起着远古的，悠悠的，永远不能够磨灭的悲哀的雾障。”飞沙“在空中它漫卷着太阳和蓝天，在地面它则漫卷着沙尘和黄土，漫卷所有黄河地带生长着的一切，以及死亡的一切”。大自然的暴虐统治着所有生命，水和泥沙作着旷古的斗争，“……河里只见了泥沙，所以常常被诅咒成是泥沙的河呀！野兽的河，可怕的河，悬卷着来的河，它会卷走一切生命的河，这河本身就是一个不幸”。在早春的荒凉中，“黄河的土层是那么原始的，单纯的，干枯的，完全缺乏光彩地站在两岸”。而潼关，则“是微黑的一大群，像是烟雾停止了，又像黑云下降，又像一大群兽类蹲伏下来。那些巨兽，并没有毛皮，并没有面貌，只像是读了埃及大沙漠的故事以后，偶尔出现夏夜的梦中一个可怕的记忆”。

---

①［俄］车尔尼雪夫斯基. 艺术与现实的审美关系［M］. 周扬，译. 北京：人民文学出版社，1979：6。

赞美生机勃勃的自然界、诅咒荒凉是从生和死的基本语义派生出来的语义——心理场，是萧红的伦理诗学中朴素而绵长的诗情。《红玻璃的故事》中表现乡土观念必然的瓦解，是生死离别之后，露天的草房“像死人袒露着肋骨那样袒露着柱子和椽子”。《呼兰河传》在自叙传的章节中，以诗的复沓节奏，反复吟唱“我家是荒凉”的。她在记录西北之行的散文《无题》中，反感于一个诗人朋友对北方的赞美，以为是侮辱，“……对于北方的讴歌就像对于原始的大兽的讴歌一样”，并且是没有灵魂的原始本能与强悍的生命力相类比，举隅法的喻体是野蛮的日本侵略者，并且以为是对承受着荒凉困难者的侮辱，因此认为“南方的风景”“看起来是比北方的风沙愉快”。这自觉的对比，体现了对于生命繁荣的执着向往，是萧红伦理诗学最基本的价值向度。

在这个基本的向度中，所有鲜美的自然与生命都是她所激赏的，所有无生命事物都是她的心灵所疏离的，由此形成了修辞喻体的两相对立的系统。在《弃儿》中，她形容四处告贷的蓓力，像“风雨里的白菜”，她形容投身学生运动之初紧张的心情，“好像一棵嫩芽似的握在我的手中”。在《莲花池》中，她以祖父的内心独白描写一个贫弱的孤儿，“这孩子像三月的小葱似的，只要沾着一点点雨水马上会胖起来的”……与这些鲜嫩的意象不同，对于苦难的修辞总是以无生命的物质为喻体。在《祖父死的时候》，她回忆道：“我的心被丝线扎住或铁丝绞住了。”在《弃儿》中，催债的老板“脸色苍白，好像盛满了面粉的布袋一样……”而比喻贫病交困的自己则用了龃龉的包袱和垃圾箱。她在《过夜》中形容老妓：“她的颜面和干了的海藻一样打着波皱。”《镀金的学说》中，她记叙了为升学而与家长之间的冲突，“伯伯好像一块朽木塞住我的咽喉”，如“炎凉的石类”。这一两相对立的喻体系统中，也体现着萧红对人与自然两种连接方式的情感取向，激赏农耕文明，而排斥机械文明。在散文《夏夜》中，萧红感叹被继祖母管束得喘不上气来而向往到工厂做工的姑姑，她知道家里有腐败的老太婆，不知道工厂里有更会压榨的机器。由此，萧红成为现代文明最早的批判者，而批判所参照的文化镜像就是宇宙自然生命的大系统，是包括人在内的自然生命状态。

处于这两极之间的，则是那些枯萎着的自然生命的喻体，用以承载她的悲悯与崇敬。《桥》中为人带孩子的黄良子，自己的儿子黄瘦得“看起来很像一条枯了的树枝”，笑和哭差不多。《小六》中的小六，看到“……娘在有月的夜里，和旷野上的老树一般，一张叶子也没有，娘的灵魂里一颗眼泪也没有，娘没有灵魂”。被生活磨难得未老先衰的王寡妇“满手都是筋络，好像大麻叶子一样”。她对黄河艄公阎胡子的肖像描写近于崇敬，没有光泽的胡子如黄土层，“和春天快要脱落的牛毛似的疏散和松放”，说话的时候，嘴唇“好像两块小锡片在跳动着”，近于赭色的脸像泥塑，像在窑里边被烧炼过，结实、坚硬，“阎胡子像是已经变成了陶器”。然而，这样的喻体也凝聚着她心理的疏离，显然不是她“想过的那样的生活”，而带有自我激励的性质。她在《黄河》中愤恨至极地写道：“站在长城上会感到一种恐惧，那恐惧是人类历史的血流又鼓荡起来了！而站在黄河边上所起的并不是恐惧，而是对人类的一种默泣，对于病痛和荒凉永远的诅咒。”

联系着生的新鲜意象是萧红文学美的极致，联系着死亡的荒凉与冷酷则是丑的极致，而由生向死的自然衰亡过程，则是萧红文学向死而生的语义象征。一如她无比憎恶大炮炸弹、流血的尸体、断腿断臂与患着贫血症的蜡黄脸孔。“我一看到，我必要想：丑恶，丑恶，丑恶的人类！”可是，“等我看到了人和猪似的睡在墙根上，我就什么都不憎恶了，打吧！流血吧！不然，这猪似的，不活遭罪吗？”（见《〈大地的女儿〉与〈动乱时代〉》）顺乎宇宙自然生命大系统无穷流转的伦理诗学，因此而具有“自强不息”的抗争语义。

六

在萧红文学自我指涉的修辞系统中，还有一种两相对立，就是以喻体的体量、性情与生命周期类比人物的修辞，形成比较稳定的表意结构，最集中地体现着萧红文学诗性的伦理精神。

以树来形容沉静的伤兵（见《窗边》），以苹果形容爱情（见《红的果园》），以陷入泥沼的三月花来形容孤苦的少妇（见《渺茫中》），用老树枯枝等近于枯萎的植物形容贫病瘦弱的人物（见《小六》），是萧红文学中基本的联想修辞，彼此之间有差异而不对立。而以动物为喻体的修辞，则有着极端对立的比量。猛禽巨兽形同魔鬼，都是用来形容严厉的成年人，对张姓地主（《王阿嫂的死》）、王婆（《生死场》）、继祖母（《夏夜》）等人物都有鹰隼之类的修饰，几乎没有正面的语用修辞。金枝的母亲听说她未婚受孕之后，"……和老虎一般捕捉自己的女儿"。王婆扑打平儿的样子，"好像山间的野兽要猎食小兽一般凶猛"。《莲花池》中的小豆看见阴影中的祖父，"像一只蹲着的老虎，像一个瞎话里的大魔鬼"。而灵活的小鸟和小动物都是用来衬托形容寄托着萧红爱怜的美好人物，两只折了巢窠的雏鸽形容一对无家可归的年轻人（《弃儿》），灵活的小鸽子形容活泼单纯的五姑姑（《生死场》），以在巢中孵卵的鸟比照早产的金枝，以翅子长成而不知如何跳下地面的小麻雀比喻渴望参加抗日工作的女大学生（《〈大地的女儿〉与〈动乱时代〉》），以喜鹊比喻开朗的女孩子（《呼兰河传》）。介于两者之间的，则是纯粹的联想的中性修辞，以老熊来形容乞丐（见《清晨的马路上》），以鸵鸟形容外国老太太（见《一九二九年底愚昧》）。老鼠更是她经常使用的比喻，比如，她和萧军写给鲁迅的信中，比喻鲁迅对他们的劝告是老耗子给小耗子传授避猫的法门。都与美好无关，而略带嘲讽语义。

昆虫相应于这个两相对立的象喻结构，所有的爬虫和微小成群的飞虫都是负面的喻体，形容自己所不愿意接受的生命状态，也寄寓着悲悯无奈的情怀，用以他喻与自喻。比如以不具形体的大爬虫形容无望的底层生活（见《清晨的马路上》《破落之街》）；苍蝇蚊子蚂蚁小蠓虫（见《生死场》《桥》《朦胧的期待》）等都指涉着厌恶与不安的心情。而小型的爬虫和柔软的幼虫则是怜爱的喻体，常用以自喻和他喻。在《小六》中，“孩子顶着一块大锅盖，蹒蹒跚跚像大蜘蛛一样从楼梯下来……”在《提篮者》中，形容饥饿的自己看见篮子里的面包，就像看见桑叶抬起头来的蚕；在写给鲁迅的信中，形容写作状态不佳的自己，已经胖得像蝈蝈似的；她在东京写给萧军的信中，形容自己是卷进茧子里的蛹；在《莲花池》中，祖父看见睡得很平稳的小豆，“……和一条卷着的小虫似的”。而单独飞行的昆虫则是美好的象征，从鞘翅目到鳞翅目，都承载着正面的审美价值，用来形容她所喜爱的人物。在《窗边》中，形容穿着大白背心的小战士像“小甲虫似的”。《朦胧的期待》中，恋爱中劳作着的女佣李妈“好像一只油亮的甲虫伏在那里”。会发光的萤火虫更是她爱到心痛的喻体，连接着她乡土生活的童年经验中最美好的初始情景，她在《“九一八”寄弟弟书》中，特意剪取儿时姐弟俩秋夜在黄瓜架下捉萤火虫的往事片段，以抒思念之情。萤火虫经常用来修饰微小孤绝而漂移的温暖，在《弃儿》里，形容水灾之后公园荒凉夜景中唯一的橘黄色灯光，“像漂在海上的萤火虫。”在《新识》中，街角卖豆浆的灯火“好像个小萤火虫”。在《朦胧的期待》中，衬托着李妈飘零身世和朦胧恋情的，是“……在树叶上闪飞，看起来就像凭空的毫没有依靠的被风吹着似的那么轻飘”的萤火虫。蝴蝶是她用得最多的美好喻体，象征着自由、美丽与爱情。在《王阿嫂的死》中形容孤女小环，带有自喻的性质，因为萧红的第一个学名是祖父按照张家规约给她起的“张秀环”，而且她1931年秋到1932年秋频繁的寄寓生活，也重合于流浪儿的命运。

在萧红象喻系统中，家畜家禽是出现最频繁的喻体，而且两相对立的结构最能体现她的审美倾向。马牛驴羊猪狗猫兔和鸡鸭，几乎具有和人一样的价值，是互喻的主要喻体，频繁用于自喻与他喻。上文所分析的《生死场》中，羊和马承担整体象征和局部象征的互喻功能，牛也是其中的一个重要喻体。猫一再用于修饰病弱的女人，比如《生死场》中的月英和《过夜》中被老妓买来的多毛兽一样的小女孩。1936年，她在东京给萧军写信说“你亦人也，吾亦人也……常兴犍牛与病驴之感……”《孩子的讲演》，形容小战士王根区别于一堆如木刻上图一样蠢笨、粗糙的灰色成人，“……他的柔和的眼光，好像幼稚的兔子在它幸福饱满的时候所发出的眼光一样”。猪和狗都是负面的喻体，指涉着愚蠢和没有心肝的自私，鸡通常是弱小者的喻体，鸭则是愚笨的喻体，用来修饰各种厌恶的人物举止，甚至比喻自己的处境和良知的自责。

在萧红文学所有的动物喻体中，小的几乎都是好的。即使是常常用作负面的动物，小的也指涉可爱的语义，小猪小狗都是惹人怜爱的对象，《莲花池》中，形容孤苦的小豆，“好像一只小狗似的跟在爷爷的后边”。就连猛兽中的小狼都有可爱的语义，在《两个朋友》中，她形容两个互相打斗的女孩子，像“两匹小狗似的，两匹小狼似的”。小鼠在危难情境中，也承载着弱小动人的语义。这样的表意结构中基本是以弱小生命的价值为核心，映射着她母性与女儿性的双重精神情感，也反映着她爱与被爱的双重渴望。一再痛失亲子的悲哀，使萧红文学充满了对鳏寡孤独的怜悯，母性的情感借着小花小草小狗小猫小鸟小虫的喻体自然流露出来，点点滴滴涓流不止，渗透在所有的文字中。而且有着相当的自觉，一如鲁迅当年回答她和萧军的问询，对青年的态度主要是母性的。连她和家族矛盾的心理缓解，都是以这一精神为轴心完成转折。她晚期的作品中，出现了各种好母亲的形象，其中有着她对家长的理解，也有着母性心灵的共通逻辑。女儿性则使她恐惧厌恶那些严厉的成年人，一如普罗普分析民间童话中恶毒的老巫婆，丧失了女性的生命功能却法力无边地掌控着森林里所有的生命，是衰老与死亡的象征。幼小生命成长的本能必然厌恶反抗压抑扼杀生命的异己力量，同时也寻求庇护。

这样的象喻修辞体系就形成了萧红文学显著的童话特征，母性驱使着她叙述儿童故事，女儿性则使她对宇宙自然生命的整体艺术把握充满了童稚的感觉与想象，从内容到形式都具备了童话要素。萧红文学有不少童话故事的母题，比如继女离家出走，比如大量的孤儿情景，对手中老巫婆式人物（继母、继祖母和女校长等）也有童话的原型，而祖父与鲁迅都承担着民间故事中拯救者的功能。咒语更是她作品中隐性的成分，五月节几乎是一个划分生死界限的时间符咒，从《王阿嫂的死》开始到《生死场》，所有主要人物亲属之死都在这个日子，王阿嫂的丈夫、王婆的儿子、被父亲盛怒中摔死的小金枝，还有《莲花池》中生死不明的小豆。所有求生的抗争也是在这个节日里。还有一个隐性的咒语则是三岁，《生死场》中有两个孩子是在三岁的时候死于非命，一个是王婆因为疏忽弄死的第一个孩子，还有一个是和祖母一起吊死的菱花。这两个咒语性的时间符码，都关联着萧红心理的隐痛，她生于五月节，三岁时由祖母订婚，宿命的困难记忆像咒语一样替代在文本中，由此形成对所有老年女性的厌恶。《呼兰河传》中记叙了祭日出生的孩子不祥的风俗和三岁时祖母用针刺痛她的手指，以及娃娃亲的荒谬与团圆媳妇的悲惨命运，都带有自我心理的投影。《呼兰河传》中在茫茫雪原里向着三星奔驰的七匹马拉的运粮大车，简直就像是童话中神仙驾驭的飞车，一如跳萨满仪式中大神的唱词："我的二仙家，青龙山，白虎山，夜行三千里，乘着风儿不算难……"中外神话中都有原型相似、近于神秘的想象叙事。她以神话里的幽灵，分别修饰有着天然流浪者身份的孤女小环、王婆与自己的化身芹，更是儿童恐惧心理的浮现，童话的意境中呈现着心灵的辩证法，而具有超越现实的自我心灵体验。

保留完好的女儿性置换在萧红以弱小生命为核心价值的表意系统中，就呈现出儿童近于原始思维的想象力，如泰勒所谓"用自己所熟悉的人类行为的解释来类比事物”①。这使她自我指涉的象喻体系与民族民间定位指涉的象喻体系得以交集，而外来童话的母题与要素，则是跨文化的普遍儿童经验，以变形的喻体隐性地埋藏在文本的深层结构中。萧红的童年经验世界中的宇宙自然生命系统，最熟悉的是“那些表现出秩序与规律的”乡土社会的生活世界，她的文学就是以各种象喻修辞方式，完成鲁道夫·布尔特曼所谓“对自我的理解”。她充满神性的天堂诗篇是后花园中展现的人格化的大自然：黄瓜的须子就像是黄蜡抽成的，“它们虽然勇敢，到底也怀着恐惧的心理”。喻体链由物及人的心理逻辑，赋予植物以精神情感。她叙述秋雨之后凋零的花草，充满了人世生活的意趣：“它们一起都没有从前那么健康了，好像它们都很疲倦了，而要休息了似的，好像要收拾收拾回家去了似的。”她对孔雀翎的喜爱，因为“它有金色的眼睛”。连对季节的描述都是拟人化的，她在《小城三月》中写道：“春天带着强烈的呼喊，从这头走到那头。”“春天就像跑的那么快。好像人能够看见似的。春天从老远的地方跑来了，跑到这个地方，只向人的耳朵吹一句小小的声音：我来了呵，而后很快就跑过去了。”转而比喻主人公早逝的青春生命和瞬间幻灭的爱情，“春天的命运就是这么短”。

乡土儿童心灵中的宇宙自然生命映像，借助儿童的思维想象力建构出互喻的象征系统，这是萧红文学的修辞特征具有相对稳定的指涉功能的主体本质。而定位的指涉系统与自我指涉的系统之间，兼容与疏离的张力，则是统摄各种文化语义场的心理关联域。萧红以关联着多种文化的诗性心灵独白，以象征的基本修辞方式，完成经验世界的语言再创造，丰富了现代汉语的表现力，也成功地参与完成了中国古典文学的现代转型。一个诗性的精灵以朴素至极的语言风格，表现对世界的体验的同时，也在向死而生的伦理诗学中呈现出泛生态人类学的阐释逻辑。

---

① 转引自［英］西格尔．神话理论［M］．刘象愚，译．北京：外语教学与研究出版社，2008：197。

附录一

萧红年谱（修订稿）

1911年（一岁）：

历史纪事：10月10日武昌首义，各省响应，辛亥革命爆发。

地方纪事：1910年，东北地区爆发鼠疫，大范围的蔓延被遏制之后，局部地区还有流行，萧红的舅舅未婚妻全家于这场鼠疫中丧生，连个收尸的人也没有。夏天，连降暴雨，洪水泛滥。

6月1日，萧红出生于黑龙江省呼兰城东南隅龙王庙路南张家大院。这一天是旧历五月初五——中国的四大鬼节之一的端午节，民间有祭日出生的人不祥的说法，故长辈一直隐瞒萧红的生日，对外声称6月2日，也是在这一天为她过生日。祖母范氏为她起乳名荣华。

张家是乾隆年间逃荒到东北的破产农民，祖籍山东东昌府莘县长兴社十甲梁丕营村。始祖张岱携妻子章氏经辽宁、吉林辗转至黑龙江扎下根，历经几代人的艰苦奋斗，于道光年间发展为东北著名的汉族工商大地主，在吉黑两省的众多县份拥有大片田产、房屋、牲畜、作坊与杂货铺。到光绪年间，适逢边患严重、匪祸连年，外来资本又迅猛侵袭，传统的生产和经营方式迅速垮塌，国运衰退，大家族内部矛盾重重，开始分崩离析，张家已呈颓势。萧红近亲的一支，则顺应历史大势转型开拓，得以中兴。

萧红的祖父张维祯生于道光二十九年二月初五（1849年2月27日），死于民国十八年农历五月初一（1929年6月7日）。他是张岱次子张明贵的长子张熹的独子，根据《东昌张氏宗谱书》记载，他“幼读诗书约十余年，辍学时适逢家业鼎盛之际，辅助父兄经营农商”。其妻范氏生于道光二十五年三月十四日（1845年4月20日），死于民国六年五月二十一日（1917年7月9日）。据说她的娘家颇有势力，有一个哥哥是某地督军。所有关于她的回忆，都是跳神赶鬼、无有不信、神神道道、喜欢走动、很神通。分家以后，张维祯分得呼兰的田产和房屋、当铺、烧锅等产业，于19世纪末带领妻子儿女搬到呼兰。张姓的这一支门庭祚薄，唯一的儿子夭折，三个女儿相继出嫁，过继堂弟张维岳之三子、十二岁的张廷举为嗣，并且以供他到齐齐哈尔读书为条件。

萧红的父亲张廷举字选三，生于光绪十四年四月十七日（1888年5月27日），死于1959年。他三岁丧母，十二岁过继给堂伯父张维祯。他毕业于黑龙江省立高等小学堂，因成绩优异，奖励廪生（有奖学金），保送上黑龙江省立优级师范学堂，二十一岁毕业时，被授予师范科举人、从七品虚衔官职的中书科中书衔。读书时，他秘密参加国民党，毕业后还曾想到北京去“留学”。他长期就职于黑龙江的小学教育界，民国时期历任小学校长、呼兰县教育局局长、黑龙江省教育厅秘书等职；日伪时期被胁迫出任呼兰县协和会副会长，光复以后担任呼兰县维持会会长，人民政府时期以开明士绅的身份被选为松江省参议员。到张廷举成年时，家道已经开始败落，仅有的二百多亩地没有太多的进项，主要靠工资和少量商业股份维持全家生计。因为直系兄弟们还没有分家，他和福昌号屯的亲属来往密切，逢年过节的粮食、肉类与柴草要由那面供应，而福昌号屯的子侄不少也住在他家读书。张维岳去世早，长兄如父，张廷举的大哥张廷蓂经常来给他管家。张廷蓂生于光绪八年十一月二十日（1882年12月29日），《东昌张氏宗谱书》记载，他“幼年读书，颇有心得。仪容端方，举止庄严，身体魁伟，望之凛凛焉。喜围猎、爱枪马，尤长于管弦之属。……视宦途如河海，精通俄文，尚义侠之举”。他是张家中兴的功臣，也是顺应历史大势、在经济转型中开拓、挽救颓败家道的维新之祖，在张家具有举足轻重的权威地位，实际上当着张廷举一半的家。

萧红的母系家族也祖居山东，世居呼兰城北泥河边的姜家窝棚屯，拥有千亩以上良田。外祖父姜文选是著名塾师，人称姜大先生，为民国初年省参议员。萧红之母姜玉兰（1886—1919）为其长女，通文墨、诵诗书、精女红、擅珠算，恪守儒家妇道，同时也信佛，被视为名门之女。她与张廷举生一女三子：萧红、富贵（夭亡）、连贵（张秀珂）、连富（夭亡）。《东昌张氏宗谱书》记载："夫人姜氏玉兰呼邑文选公之女，幼从父学，粗通文字，来归十二年，勤俭理家，躬操井臼，夫妻伉俪最笃，唯体格素弱，不幸罹疫逝世。"

1912年（二岁）：

历史纪事：1月1日，孙中山在南京就任中华民国临时大总统；2月12日清王室发布《退位诏书》，结束了清王朝的统治。3月10日，袁世凯在北京就任中华民国临时大总统。

1月（辛亥年腊月），由母亲抱着第一次到姜家窝棚屯的外婆家，参加舅舅姜继业的婚礼，受到外婆全家的喜爱。

1913年（三岁）：

历史纪事：5月2日，美国率先承认中华民国；7月12日，孙中山发起二次革命，讨伐欲称帝的袁世凯。

由祖母范氏做主，与呼兰游击帮统王廷兰次子订婚，此子公开的父亲姓汪，家在哈尔滨顾乡屯，为一小官吏，家道殷富[①]。

---

① 由于资料匮乏，萧红未婚夫的身份和家世都没有彻底搞清楚，这里沿用的是最早的说法。至于其人与王廷兰的准确关系，只好存疑。萧红在《生死场》中叙述了两个被家长弄死的孩子，年龄都在三岁；《呼兰河传》中有三岁时祖母用针刺痛她手指的叙述，我以为都是"将真事隐去"的红楼笔法。萧红同学关于为了攀汪姓豪门才让她上学的转述，骆宾基关于将军之子的转述，都透露着端倪。她未婚夫的公开家世是小官吏，但一直有与王廷兰有亲戚关系，以及王汪原是一家的说法流传，都可以支持这一说法。最近披露的资料（东北网2013年3月26日，《与萧红的一场精神约会》，这条资料后来被删去，目前同一份文件的说法已经完全否认这个说法），已经肯定汪恩甲的生父是一个高级将领，故最早的说法是准确的，当为王廷兰之次子。

在张家老宅的后院和房间中玩耍，是对世界的初始印象。夏天，随祖父在后花园里嬉闹，生发出对大自然与自由生命的热爱；冬天，在张家老宅的炕上玩耍，因为用手指捅祖母雪白的窗户纸，而被她用针刺痛手指，形成最初的创伤记忆，从此与祖母不睦。在张家老宅开启了空间的感觉，对于祖母房子里的器物倍觉新奇，特别是三座不同造型装潢的钟表，启发了她对中外种族与文化的最初意识；翻检祖母和母亲的储藏室，在陈年旧物与祖父祖母的回忆中，感受到生命的消逝。由此，开启了对多种时间形式的感知。

1914年（四岁）：

历史纪事：第一次世界大战爆发，日本出兵侵占山东。7月8日，孙中山在日本东京成立中华革命党。

大弟富贵出生，萧红由祖父照看。

随母亲到外婆家小住。夏天，见识了山地乡野的风光。冬天，把苞米糙子饭中的芸豆挑出来，用小细棍穿起来，放在窗外冻硬了再吃，说是小冰糖葫芦，模仿与联想的能力，都已经初步形成。

1915年（五岁）：

历史纪事：1月18日，日本向袁世凯提交“二十一条”，旅日学生和国内民众发起抗议运动，5月袁世凯接受丧权辱国的“二十一条”，国内群情激愤，各大城市爆发反日游行；9月15日，陈独秀创办《新青年》的前身《青年杂志》，新文化运动开始。12月12日，袁世凯称帝，孙中山等纷纷发表讨袁宣言，不少省份相继起义。

大弟富贵夭折。

继续后花园中的自由时光，随祖父和有二伯在后花园中奔跑、嬉闹与休憩。受祖父牵连，经常受到祖母的斥骂。捶打板壁吓唬坐在炕上熬药的祖母，不是出于报复心理，只是觉得好玩。

在外婆家玩民间女孩儿的玩具嘎拉哈[①]，有时和表姐妹们一起玩，

① 大概是满语，猪和羊腿上的关节骨，关里汉族称之为拐。

有时自己玩。她还喜欢剪纸，独创了“穆桂英大战天门阵”的游戏，用嘎拉哈摆成战阵，剪些纸人去攻城，对外祖父说，自己是穆桂英，能破天门阵，受到外祖父的称赞。民间女英雄的传奇滋养出她与众不同的自我镜像，很早就萌发出艺术想象的创造力。

1916年（六岁）：

历史纪事：3月23日，袁世凯被迫取消帝制。

二弟（张秀珂）出生。

独自走出自家大院，想到街上的商店买皮球，迷路后被一个好心的洋车夫送了回来。停车时为了引起注意，蹲在车厢里模仿民间笑话“乡巴佬蹲东洋驴子”，摔了下来，祖父在情急之中，打了车夫一记耳光，理由是有钱人家的孩子是不受气的，带给她对贫富差别最初的困惑与反感。

父亲为她准备了字块，让她识字。祖父按照张家的族规，为她取了学名张秀环。张家从第四代开始，按一首诗的字序排辈：“维廷秀福荫，鳞凤玉芝华。道成文宪立，树德万世佳。”秀字辈的名字中要涵玉字边，所以给她起名张秀环。夏天，到外婆家，二姨姜玉环因为萧红的名字和自己重字，执意要她改名。外祖父遍查《说文解字》和《康熙字典》，为她取名张迺莹，“迺”通“乃”，是秀字的下半部，莹涵玉字，符合张家的规约。

1917年（七岁）：

历史纪事：1月，胡适在《新青年》上发表《文学改良刍议》，陈独秀发表《文学革命论》，掀起新文化运动的高潮。张勋复辟失败，护法运动开始。3月8日，十月革命爆发，马克思主义迅速传到中国。

地方纪事：东北地区因为与苏联接壤，十月革命的影响尤其直接，旧俄卢布迅速贬值，呼兰市民也参与到抢购卢布的风潮中。

7月9日，祖母范氏病故。家里来了许多奔丧的亲戚，带来五六个和她年龄相仿的男孩子，带着她在院子里玩，到街上逛，一直走到南河沿。其中二姑母的儿子带来许多看图识字的书，两个人相处得很愉快。因为下雨，顶着酱缸帽子喊叫着从后园走进张家正房，被焦躁的父亲一脚踢倒，险些摔进灶坑里，被人抱起，才发现祖母死了，与父亲的隔阂也由此产生。闹着搬到祖父的房间里住，从此和祖父学《千家诗》。

1918年（八岁）：

历史纪事：5月15日，鲁迅在《新青年》发表《狂人日记》。11月13日，为纪念一战结束，在中山公园"公理战胜"牌坊前，蔡元培发表《劳工神圣》的讲演。

母亲不许萧红上学，让在家抱弟弟。她经常拿了家里的馒头、鸡蛋和黑枣之类的食物，偷着跑出去和其他孩子分享。由此，发现了贫穷房客们的生活，有了一个观察社会人生的视角，也因此经常受到母亲的打骂。

随母亲到泥河边省亲，又结识了一批小伙伴。跟着他们在山上乱跑，到"双龙泉"的水塘中抓蛤蟆，把去皮的蛤蟆腿撒上盐，裹在大麻叶子里，用麻皮缕系住，放在火中烧熟，一起分享这鲜嫩清香的野食。

1919年（九岁）：

历史纪事：5月4日，反帝爱国的五四运动爆发，风气迅速传播到全国各地。

地方纪事：学界响应五四运动，张廷举率先砸掉祖师牌位。

1月初，三弟连富出生。

7月底，姜玉兰患心血管急症，张廷举为她遍请名医治疗。

8月26日（农历闰七月初二），姜玉兰不治而亡。张廷举集聚财力发送，扶着姜玉兰的描金大红棺材捶胸痛哭，摸着萧红姐弟的头说，苦命的孩子……

12月16日，姜玉兰逝世百日之后，张廷举迎娶梁秀兰（1898—1972）。她是呼兰城京旗之家梁三爷的长女，因为名字中秀字和张家晚辈重字，张廷举为她改名梁亚兰。生三子（张秀琢、张秀玮、张秀琬）二女（张秀玲、张秀珑）。

萧红开始帮助祖父照顾弟弟张秀珂。

三弟连富被送给张廷举四弟张廷会。

1920年（十岁）：

历史纪事：2月，北京大学第一批女生入学。3月13日，中东铁路工人因为中东铁路管理局局长霍尔瓦特拖欠工资而举行大罢工，次日，北京政府解除霍尔瓦特的所有权利与白俄护路军武装。

地方纪事：呼兰县学校设立女生部。

春天，入呼兰县乙种农业学校（俗称龙王庙小学）女生班，上初小一年级。读书极其认真，课余有祖父辅导，成绩很好。热衷于绘画，立志长大要当画家。

1921年（十一岁）：

历史纪事：1月4日，沈雁冰、郑振铎等发起成立文学研究会。7月23日，中国共产党在上海成立。

地方纪事：呼兰驻军枪毙逃兵。

升入初小二年级。

三弟连富感染鼠疫，又遭受外国医生的医疗暴行而夭亡。

1922年（十二岁）：

历史纪事：2月28日，中国政府收回中东铁路，随后，将沿途地区划为东省特别区。4月29日，第一次直奉战争爆发，张作霖败北。5月5日，张作霖宣布满蒙独立，后在全国民众强大舆论的声讨声中放弃。

升入初小三年级。

弟弟张秀珂入龙王庙小学读一年级。

1923年（十三岁）：

历史纪事：4月，张作霖创办东北大学；8月，鲁迅第一本小说集《呐喊》出版。

升入初小四年级，遍读家中藏书，主要是古代诗词、《西厢记》《红楼梦》等，大伯父为她讲解古文。为邻里姑娘媳妇设计女红花样。

1924年（十四岁）：

历史纪事：10月23日，冯玉祥发动北京政变，继而逼宫，11月24日，末代皇帝溥仪被逐出紫禁城。第二次直奉战争爆发。

夏天，初小毕业（因为学制由春季入学改为秋季入学，萧红在初小读了四年半）。

秋天，入北关初高两级小学校女生部，读高小一年级（因为学校设于城北二道街祖师庙内，也称祖师庙小学）。

张廷举出任该校校长。

未婚夫家托人，希望完婚。张廷举以年龄小为由，委婉拖延。

因与二姑家表哥的朦胧初恋，抑郁生病半年。

1925年（十五岁）：

历史纪事：5月30日，上海日本纱厂老板枪杀中国工人代表顾正红，引发“五卅”血案，全国各地爆发反日爱国游行。

地方纪事：为声援上海工人的抗议活动，呼兰各界游行、募捐、义演。

2月，二姑家表哥（因为家道破落，表哥一直是靠舅舅张廷举资助读书，假期也住在张家）寒假归来，因获悉家中为他定亲，在贫病交困中抑郁而死，萧红伤心欲绝。

夏初，转入呼兰第一女子初高两级小学校（即后来的县立第一初高两级小学校的女生部），插班读六年级。

5月30日，五卅惨案震惊中外，全国人民反帝抗日的爱国热潮高涨，萧红激情投入这一社会活动，积极参加募捐，勇敢地到县城东南隅的富豪人家募捐。

7月末，参加在西岗公园举行的义演，在反封建婚姻的《傲霜枝》中饰演一个小女孩儿。她剪掉辫子，还动员帮助其他女孩儿剪辫子。

1926年（十六岁）：

历史纪事：1月11日，张作霖通电全国，宣布东三省与北京政府断绝一切行政关系，25日，东三省正式宣布独立。3月18日，段祺瑞执政府卫队枪杀游行的爱国青年，制造了“三一八”惨案，天津、上海等地民众集会抗议。7月，国民革命军誓师北伐。

地方纪事：5月3日，夜里降暴雨，呼兰城里不少民房倒塌，穷苦人流离失所。秋天，与萧红同班、已升入齐齐哈尔师范学校的田慎如被父亲许配教育局局长为妾，从学校被骗回，激烈反抗之后，为不连累家庭，到呼兰天主堂当修女，此事轰动呼兰。

5月，大雨之后，听一个同学讲述自己邻人小屋被淹，男人抱着孩子逃命，不慎滑进大水坑，双双被淹死，只留下一个寡妇。萧红感叹天下如此之大，竟没有穷人的立足之地，并以此事为蓝本，用文言完成老师布置的作文《大雨记》，生动细致感人至深，受到老师的表扬，轰动全校。

6月，完成毕业考试，成绩上乘。校长不按照实际成绩，把她的名次排为第一名，并让她代表毕业生上台讲话，引起同学纷纷议论，尴尬处境可想而知。

毕业以后，向父亲提出到哈尔滨继续升学深造，受到父亲和继母的坚决反对。和家庭爆发激烈冲突，持续冷战终于病倒，卧床半年。祖父一再求情无效，亲友说项，张廷举不作任何解释扭头就走，舅舅也不肯再过问此事。同学绝大多数升学，写信传来学校的新鲜信息，使萧红更加郁闷。

1927年（十七岁）：

历史纪事：4月12日，蒋介石发动反革命政变，屠杀共产党人，国共合作破裂。7月25日，日本首相上呈天皇“田中奏折”，企图征服满蒙、中国和世界。8月1日，南昌起义。9月4日，沈阳六万人示威反日。9月9日，秋收起义爆发。12月11日，广州起义爆发。

春节期间，大伯父回来，张家大宴宾客。继外祖母劝说大伯父，让他动员张廷举同意萧红到哈尔滨上学。被伯父凛然回绝，说不用上学，家里请个老先生念念书就行了，理由是哈尔滨的女学生太荒唐，自由恋爱、交男朋友，他看不惯。两个人的关系也迅速恶化。

萧红对寒假归来探望的同学说，如果父亲不让她到外地上学，她也去当修女。消息传开，祖父以死相要挟，引起两个家族的紧张，暗中协商之后，父亲终于让步。萧红自称“对家庭施行了骗术”，可能还有一些不为人知的内容。

本年夏，未婚夫汪恩甲于阿城吉林省立第三师范学校毕业，在道外三育小学任教，其兄汪大澄为道外教育界官吏，与萧红六叔张廷献为阿城吉林省立第三师范同学，曾一起演戏。张廷献此时为道外税务分局局长，与汪大澄过从甚密，汪大澄在张廷献家见过萧红，欣赏她沉静有礼。萧红最初也是在张廷献家见到汪恩甲，基本认可，对婚姻则不置可否。

秋天，入哈尔滨“东省特别区区立第一女子中学校”就读，该校前身为私立从德女子中学，编入主修英语的4班。

在这所有共产党人任教师的新式学校，萧红接受了左翼思潮的影响。在毕业于北京上海名校的新式教师的引导下，她开始阅读新文学著作，涉猎外国文学名著，练习文学写作，以悄吟的笔名在校刊发表诗文，取悄悄地吟诵之意；热衷绘画，被老师发现列为重点培养对象，参加野外画会，广泛搜集中外美术资料，梦想当画家；喜欢体育锻炼和户外活动，热心社会运动，立志要做“自觉的革命者”；完成了世界观的构型，艺术观也具雏形。

1928年（十八岁）：

历史纪事：6月4日，张作霖被日本特务胁迫签署了《满蒙新五路协约》之后，乘专车途径皇姑屯大铁桥时，被日军炸得重伤而死。张学良出任东三省保安司令，在日本军阀的胁迫下被迫承认张作霖签署的协约。消息传出，舆论大哗，东北境内掀起反日护路运动。

地方纪事：11月9日，哈尔滨市成立“学生维持路权联合会”，发起反日护路请愿游行，史称“一一·九”学生爱国运动。12月29日，张学良宣布东北易帜，中国从此完成形式上的统一。

2月25日（农历二月初五），祖父张维祯八十寿辰，黑龙江“剿匪总司令”、东北陆军十二旅中将旅长马占山和上校骑兵团长王廷兰、呼兰县长廖鹏飞等人前来祝寿，马占山赠送题为“康疆逢吉”的匾额一块，并由他建议，将张家大院所在的英顺胡同更名为“长寿胡同”。萧红回到呼兰，参加了这次盛大的寿宴。

6月，张廷举出任呼兰县教育局局长。

9月中旬，张廷举升任黑龙江省教育厅秘书。

11月，萧红狂热投入“一一·九”学生运动，参加游行，主动担任宣传员，和学运的积极分子表哥陆哲舜站在同一战壕，萌发出彼此的欣赏。在运动结束之后，还和同学到中长铁路护路军司令部外墙贴反日标语。受到校方的惩治，险些被开除学籍，一度躲在呼兰家中，过着隐居的生活，秘密写作。因来往男生较多，和远房姑表兄陆哲舜（已有家室）过从甚密，引起几个家族紧张，商议订婚事宜。

1929年（十九岁）：

历史纪事：1月10日，张学良秘密处决父执重臣杨宇霆和常荫槐，建立起在东北的真正权力与威望。不久，就中东路和苏联谈判。6月，哈尔滨特区长官张景惠受命借故查抄苏联领事馆，中东路事件拉开了序幕，11月，战事以苏军攻占满洲里和扎兰诺尔结束。

地方纪事：中东路事件爆发之后，在校方领导下，东特女一中占领了一所苏联子弟学校为女生宿舍；冬天，东省特别女子中学校校方又组织为中东路战争死难将士家属募捐的佩花大会。

1月初，双方家族为萧红与汪恩甲举行正式订婚仪式。不久，汪恩甲的公开父亲去世。萧红在继母梁亚兰的带领下，以未婚儿媳的身份，戴重孝参加汪父丧礼，得到婆家二百元赏钱。萧红为汪恩甲打毛衣，两个人来往频繁，不久，汪恩甲入法政大学夜校读书。

年初，八十岁的祖父病重，萧红请假回家，守护着已经糊涂了的祖父，想象失去祖父的悲凉处境。

6月7日，祖父去世，回家奔丧，在后花园中独自饮酒，回想母亲去世之后的十年间，自己和父亲与继母的争斗，下决心此后不要家，到广大的人群中去，“人群中没有我的祖父”。

夏天，在中东路事件紧张暧昧的气氛中，在俄式房间中埋头阅读美国左翼作家辛克莱的《石炭王》等左翼文学作品。

11月11日，狂热参加校方组织的佩花大会，为中东路阵亡将士的家属募捐。但是，不能理解这项运动的意义。

1930年（二十岁）：

历史纪事：3月2日，中国左翼作家联盟在上海成立，7月，中国左翼美术家联盟在上海成立。12月，中央苏区第一次反“围剿”胜利。

年初，发现汪恩甲吸鸦片，与他疏远，萌生了退婚的念头。

4月，陆哲舜从哈尔滨法政大学退学，就读北平中国大学。

上半年，向父亲提出毕业以后到北京升学的要求，遭到严词拒绝，舅舅也参与到父亲和继母的话语暴力中，激烈反抗无效。

初夏，随学校到吉林旅游，写下《吉林之游》，发表在校刊上。

夏，初中毕业。家里让她准备完婚。在同学徐淑娟的鼓励下，决定抗婚出走求学。

初秋，假意同意与汪恩甲完婚，骗得置办嫁妆的钱，随陆哲舜到北平，租住二龙路[①]西巷一小院，分屋而居，请女佣照顾生活，入北平女子师范大学附属女子中学读高中一年级。和徐淑娟、沈玉贤保持通讯联系，她们把信写在一个练习簿上，一个地方一个地方寄，不断有人加入，一直坚持到九一八事变之后，沈玉贤写了最后一封信，里面有这样的句子：“我们要当亡国奴了，我们高唱《满江红》放声大哭。”哈尔滨三育中学在京的校友也由于陆哲舜的关系，在周日的时候聚会到西巷，一群年轻人在一起畅谈世界大势、国家命运、文学艺

① 原始文件为二龙坑，乃当时北京的垃圾场，当为笔误。

术与人生理想。

他们的出走，在呼兰舆论大哗，引起几个家族的连锁反应，张廷举因教子无方而被解除教育厅秘书的职务，放巴彦教育局任督学，张秀珂也因为受不了舆论的压力而转学巴彦。汪家要求解除婚约，张家托人斡旋，陆家以断绝陆哲舜的经济供给相要挟。陆哲舜陷入颓丧，向家庭妥协，两个人的关系也发生隔阂。

1931年（二十一岁）：

历史纪事：1月17日，左联五烈士被捕遭秘密杀害。9月18日，沈阳日本关东军制造柳条湖事件，九一八事变爆发。11月12日，马占山将军组织指挥江桥抗战，打响武装抗日的第一枪，因寡不敌众撤退，19日，黑龙江省会齐齐哈尔沦陷。11月7日，中华苏维埃共和国成立。11月30日，蒋介石提出攘外必先安内的通告。

地方纪事：由于黑龙江战局吃紧，哈尔滨所有学校都提前放寒假。

1月中旬（寒假结束的时候），回到呼兰，遭家庭软禁，精神在极度的痛苦中濒临崩溃。

2月下旬，独自返回北平，想继续女师大附中的学业，终因经济等各种原因而未果，汪恩甲随后追到北平。

3月初，两个人一起返回哈尔滨，萧红先在徐淑娟家小住，后回到呼兰家中。

4月初，随继母搬到阿城福昌号屯，遭六个月的软禁。除了女性家人的话语暴力之外，后期，还遭大伯父拳脚相加的身体暴力，只能躲在七婶的房间，吃饭由人送。作诗歌《可纪念的枫叶》《静》《偶然想起》《栽花》《公园》。

10月4日，趁着“九一八”的混乱，在姑姑和七婶的帮助下，乘一辆向阿城送白菜的马车逃离福昌号屯，在阿城坐火车逃往哈尔滨。深夜，敲响陆哲舜家的门，里面不回应。到同学徐淑娟家，发现徐家已经搬走了。在寒夜卖浆汁的小摊旁，被一个操皮肉生意的老太婆误以为是“野鸡”，领到自己的小屋中，昏睡了两天。她去找在东省特别区立第二女子中学校读书的堂妹张秀珉、张秀琴，住进她们的宿舍，经她们与校方交涉，插班在高中一年级读书。其间，参加抗议“九一八”的游行示威活动，写作散发诗文。十几天后，不辞而别。

10月下旬，萧红住到哈尔滨偏脸子同学沈玉贤家，白天在外寻找工作的机会，晚上回到同学家借宿。堂姐妹去劝说回家、送钱都被拒绝；与堂弟在路上相遇，回绝了他回家的动员，因为“不愿意受和自己站在两极端的父亲的豢养”。

11月间，同汪恩甲两个人住进道外十六道街的东兴顺旅馆。

12月下旬，萧红发现自己怀孕了。她写下了短诗《春曲》(一)，满怀做母亲的喜悦为即将出生的婴儿缝织衣衫，使她的同学们失望于“做起了贤妻良母”。但是，汪家的态度已经不可动摇，汪大澄骂弟弟懦弱，坚决让他解除这桩婚姻。

1932年（二十二岁）：

历史纪事：1月，张景惠发表“独立宣言”，公开投敌。日军阴谋经长春进犯哈尔滨，东北军于月底成立吉林自卫军总司令部。2月1日拂晓，自卫军在双城十里铺击溃伪军，3日，在三棵树等地奋起阻击，打响哈尔滨保卫战，因寡不敌众而于5日撤出哈尔滨。入夜，哈尔滨沦陷。2月16日，张景惠、臧式毅和熙恰等各省汉奸在沈阳召开建国会议，赶在国联李顿调查团到来之前，成立“东北行政委员会”妄称独立。3月1日，日本军阀扶植溥仪就任伪满洲国“执政”，年号为“大同”。5月，马占山成立黑龙江省抗日救国军。

地方纪事：5月，马占山授予王廷兰少将军衔，秘密派往齐齐哈尔，会见李顿调查团的代表，被日本特务逮捕，严刑拷打，威武不屈，被装进麻袋从楼上扔下来，壮烈殉国。

4月初，汪恩甲回顾乡屯家中取钱，被母亲、哥哥、妹妹扣住。萧红找到汪家，被汪家人骂了出来，汪大澄严厉正告她必须和自己的弟弟解除婚约。萧红气恼之下跑回呼兰继母娘家，汪恩甲追到了呼兰，把萧红带回东兴顺旅馆。中旬，两个人协商之后，萧红向法庭提起诉讼，控告汪大澄“代弟休妻”，张廷举和梁亚兰出庭做证，她的同学刘俊民也出席助阵。汪恩甲临时变卦，声言是自愿离婚，萧红败诉，法庭当场判离婚。萧红气愤至极，跑出法庭，汪恩甲追出来一再解释，法院判决不算数，是假离婚，萧红不听，一气之下和汪家永远断绝了来往。汪恩甲追到旅馆，两人和好如初。张廷举口头开除萧红族籍，严禁子女与她来往。

5月，两个人欠旅馆的钱款已经累计四百余元，汪恩甲以回家取些钱还账为由离去，从此杳无音信[①]。

6月，因欠旅馆巨款，萧红被扣为人质，老板威胁要把她卖进妓院抵债，断绝伙食供应，一度要饭[②]。萧红将《春曲》投寄《国际协

---

① 目前有了比较确切的消息，他的舅父被日军抓捕，他去打探消息。过继给别人的孩子通常叫自己的生父为舅舅，他可能听说了父亲王廷兰的凶信去打探消息，瞒着怀孕的妻子。至于他以后遭遇的事情，目前没有准确资料显示。但是，已知他到法国留学，通七门外语。后来回到故乡，日伪时赋闲在家，做些翻译工作，1949年前后死于监狱。关于入狱的罪名传说不一，一是事伪，网上公开的资料则是得到一张国民党的委任状，未去上任，被人告发而入狱；曹革城、曹建成兄弟发表的调查结果《萧红的第一个恋人》（见《世纪》2014年2月），则是他1945年由同学帮助得到国民党接受大员的空头职务，因其父死于苏军攻克苏家屯的战斗，不得不辞去公职，回家管理家族土地产业；1946年，通过哈尔滨市文书人员考试，进入政府单位工作；在土改期间，因为不承认自己是大地主，反抗批斗而入狱，后犯大烟瘾死于狱中。在当时严峻的历史情境中，以他复杂的血缘背景，马占山必须对他的安全负责，就是绑架也得把他带走，绝对不允许他再回旅馆。他在水灾的混乱中逃出来，到旅馆去找过萧红，但是她已经走了。汪恩甲于1933年前后结婚，彼时萧红已经和萧军喜结连理，纪念两个人爱情结合的诗歌专辑已经发表在《东三省商报·原野》上，在文化人圈子里流传，而汪恩甲为晚辈所取名字中用了萧红本名中的迺字，萧红则临终遗言让端木蕻良找回她与汪恩甲的孩子，可见这一对劳燕分飞的原因完全是历史劫难的罪恶。

② 还有一大块的信息漏洞至今不明，旅馆老板是否受到日伪当局的胁迫，以汪恩甲的身世背景，在当时混乱残酷的局势中，萧红的人质身份就不完全是经济的原因，很可能有政治因素，或者更重要的是政治因素。

报》副刊主编裴馨园，未被采用，但是对她文笔的细腻真挚印象深刻。萧红不见报社回音，又向《东三省商报·原野》投稿，含蓄叙述自己的困境，编辑方未艾觉得诗写得不错，但自述未引起重视。

7月初，萧红对汪恩甲的归来已经不抱希望，又获知旅馆老板已经找好买她的圈楼妓院。

7月9日，她向裴馨园发出十万火急的求救信。

7月10日，裴馨园看到萧红署名悄吟的信，拿给大家看，所有人都震惊，决心尽全力搭救。

7月11日，萧红直接给裴馨园打电话诉说困境。裴馨园决定立即去旅馆探视，邀萧军同行被拒，和孟希等四人前往。当晚，邀萧军等众朋友吃饭，商量搭救之办法未有结果。

7月12日下午，萧红又给裴馨园连续打了两次电话，裴馨园不在，萧军接听，没有兴致搭话。下午，裴馨园邀请舒群等二人，再次探望萧红。舒群回来以后，谈起萧红的气质、言语和近于癫狂的神态，打动了萧军的心。大家爱莫能助，决定先把她的情绪安定下来。孟希回到租住的公寓（楼下为道里税务所，在四十六道街路南，靠近新城大街），和往日相谈颇为投契的所长之兄、乡绅谈起此事，没有想到他一反常态扭头就走，后来他才知道这位乡绅就是悄吟的父亲张廷举[①]。

7月13日，复致电裴馨园，要求送几本新文学的书籍，以消难耐的寂寞。黄昏，萧军受裴馨园之托，给萧红送书到旅馆，两个人一见钟情。当夜，萧红写下《春曲》（二）。次日，萧军再来探视，两个人迅速坠入爱河。萧红陆续写下《春曲》（三）至（六）。

7月30日，萧红得知萧军暗恋年轻貌美、家世优越、能歌善舞的文学沙龙女主人李玛丽，陷入悲伤，写下诗歌《幻觉》。

8月7日，松花江决堤，哈尔滨洪水倾城，道外成为泽国，旅馆

① 这也可以作为一条旁证，张廷举住在张廷献家，应该也有观望萧红处境的动机。

一层陷入汪洋。

8月8日黄昏，舒群带着馒头和烟，泅水前往旅馆探视，萧红请求把自己带走，舒群全家几乎都沦为乞丐，爱莫能助。

8月9日上午，在一个老茶房的提醒下，搭乘一艘救生船逃离旅馆，住进裴馨园家。萧军雇小船去接不遇。不久，两个人与裴家人发生矛盾，裴馨园夫妇搬走，萧红只能睡在土炕上。

8月底，临盆阵痛，萧军在大雨中连夜送她进哈尔滨公立第一医院，医生诊断预产期还有一个月，回到裴家，又阵痛难耐，复送进医院，强行住进三等产妇病房。次日凌晨，生下一个女婴，送给市立公园的看门人。

10月初，朋友资助付清了住院费，萧红得以离开医院，回到裴馨园的家。

11月初，因为萧军与裴馨园夫人发生口角，两人搬出裴家，住进欧罗巴旅馆，开始正式的新婚生活，萧军作三首七言绝句，作为定情诗相赠。两萧这个时期的诗歌，经方未艾之手在《东三省商报·原野》上发表。在贫困的愁苦中，靠萧军做家庭教师与借贷为生。

11月中旬，搬进商市街25号一间半地下室的阴暗耳房中，萧军以教房东儿子学武术抵房租。他们靠萧军四处当家庭教师维持穷愁困苦的生活，萧红操持家务，身体略好就外出求职、借贷、典当，做家庭教师……

12月，为赈灾义卖作水粉画两幅，一幅是萧军教武术穿的靸鞋和山东硬面烧饼，还有一幅是两个萝卜。她由此结识金剑啸，参加他倡议的“维纳斯画会”，在金剑啸创办的天马广告社当助手，为中共地下党秘密刊物《东北民众报》刻钢板，倡议组织剧团，进入哈尔滨左翼核心沙龙牵牛坊，结识各种政治倾向的反满抗日人士，包括职业革命家和武装抗日战士；多数是新派的文艺青年，还有专攻俄文、熟悉苏俄文学的学人。

12月底，在朋友的鼓励下，作短篇小说《王阿嫂的死》。

1933年（二十三岁）

历史纪事：1月30日，希特勒出任德国总理，德意志法西斯的第三帝国联盟形成。2月6日，国联（联合国前身）通过决议，不承认“满洲国”。2月7日，德国发生国会纵火案。3月，富兰克林·罗斯福出任美国总统。4月27日，国联会议谴责日本在东北的暴行是侵略，日本政府宣布退出国联。4月22日，北京教育界公葬李大钊，遭军警镇压。5月30日，中日签订《塘沽协定》，激起各界强烈反对。6月8日，中国民权保障同盟副会长、总干事杨杏佛遭国民党特务刺杀身亡。7月14日，德国禁止除纳粹之外的所有政党。8月1日，全国各界支援慰劳抗日将领马占山，捐款达2000多万元，马在沪公布仅收到771万元。9月25日，蒋介石对中央苏区发动第五次围剿。11月17日，罗斯福宣布美国政府正式承认苏联政府。

1月1日，《王阿嫂的死》（短篇小说）发表于1933年元旦《国际协报》特刊[①]。反响极好，一发而不可收，开始职业作家的生涯，以悄吟的笔名发表作品，每千字获稿费一元。

4月18日，完成《弃儿》（散文），发表于长春5月6日—17日《大同报·大同俱乐部》。

6月9日，《看风筝》（短篇小说）发表于《哈尔滨公报·公田》。

夏天，罗烽在《大同报》创办文学副刊，萧红为之起名《夜哨》。

7月，参加星星剧团的活动，在白薇的话剧《娘姨》中扮演病妇。开始和俄罗斯姑娘佛民娜学习俄文，直到1934年6月离开哈尔滨为止。教俄人B.H.罗果夫汉语，讲解《阿Q正传》等新文学作品。

7月18日—21日，完成《腿上的绷带》（短篇小说），发表于1933

① 此文是萧红在朋友的鼓励下，响应《国际协报》“新年征文”而作（见萧军. 萧红书简辑存注释录［M］. 哈尔滨：黑龙江人民出版社，1980：156～157）。因为未发现原发报纸，收入《跋涉》时，文末又注明：5月21日，因晚于《弃儿》发表日期，有学者不将其作为发表的第一篇文章。我以为当为结集时的修改日期，比较两篇文章，《王阿嫂的死》从篇幅、文辞与章法显然都短小稚拙，也适应报纸的发表要求，故萧军的说法可信。

年《大同报·大同俱乐部》。

8月1日，完成《小黑狗》（散文），发表于8月13日《大同报·大同俱乐部》。

8月4日，《太太和西瓜》（短篇小说）发表于《大同报·大同俱乐部》。

8月6日，《两个青蛙》（短篇小说）发表于1933年8月6日《大同报·大同俱乐部》。

8月13日，《八月天》（诗歌）发表于《大同报·夜哨》第一期。

8月27日，完成《哑老人》（短篇小说），发表于9月3日《大同报·夜哨》第三期、第四期。

8月27日，完成《夜风》（短篇小说）：发表于9月24日—10月8日《大同报·夜哨》第七—九期。

9月20日，完成《叶子》（短篇小说），发表于10月15日《大同报·夜哨》第十期。

10月3日，完成《广告副手》（散文），收入《跋涉》。

10月4日，与萧军合集《跋涉》由朋友认股集资、赞助，由哈尔滨五日画报社印行，萧军署名三郎，萧红署名悄吟，内收作品十二篇，附萧军《书后》一篇。其中萧红作品六篇：《春曲》（一）、《王阿嫂的死》《广告副手》（首次发表）、《小黑狗》《看风筝》《夜风》。

10月中旬，因日伪当局的政治高压，主要演员失踪，“星星剧团”解散。

10月下旬，宁波姑娘陈涓（原名陈丽娟）随朋友到商市街，拜访萧红和萧军。

10月29日，《中秋节》（散文）发表于《大同报·夜哨》第十二期，署名玲玲。

冬，中共磐石游击队政委傅天飞到哈尔滨，在商市街25号，向二萧讲述抗日武装斗争的事迹，为他们的成名作《八月的乡村》和《生死场》提供了丰富的素材。

11月5日—12日，《清晨的马路上》（短篇小说）发表于《大同报·夜哨》第十三、十四期。

11月15日，《渺茫中》（短篇小说），发表于1933年11月26日《大同报·夜哨》第十六期。

12月，《跋涉》因反满抗日倾向被查禁，二萧陷入精神的大恐怖中，计划离开哈尔滨。

12月8日，作《烦扰的一日》（散文），发表于1933年12月17日、24日《大同报·夜哨》第十九、二十七期。收入重庆1940年6月大时代书局初版《萧红散文》时，改篇名为“一天”。

12月24日，《夜哨》因为文章触犯伪满当局而被迫终刊。

12月27日，作《破落之街》（散文），收入1936年11月上海文化生活出版社出版短篇小说、散文集《桥》。

本年，因萧红作品中的地主都姓张，又多有揭露长辈隐私的内容和关于身世的极端假想（萧军的相关著作中更有对其父张廷举不堪的叙述），“……思想和行为超越了封建阶级所能允许的极限范围”（张秀珂晚年语），激起整个家族的愤怒。张廷举以“大逆不道，离家叛祖，污辱家长”的罪名，宣布开除萧红族籍，严禁张家子女与之来往。在齐齐哈尔读高中的张秀珂，通过报社和萧红取得联系，两个人开始偷偷通信。萧红和萧军路遇张廷举，父女两人冷眼相向。

1934年（二十四岁）：

历史纪事：3月1日，日本军阀改“满洲国”为“大满洲帝国”，溥仪登基，年号康德。9月19日，苏联加入国联。10月10日，中国工农红军开始长征。11月7日，东北人民革命军第一军正式成立，杨靖宇任军长。

地方纪事：大致是7月，张家被日本特务查抄，经亲友从中斡旋躲过劫难，张廷举被迫出任呼兰协和会副会长，出于对家族成员的安全考虑与自保的需要，严禁子女和萧红联系。

1月，舒群离开哈尔滨，到青岛寻找组织关系。

1月18日，白朗开始编辑《国际协报》副刊，创办《文艺》。其后，她与报馆协商，以特约记者的名义，每月给萧军和萧红每人20元哈大洋。有了固定的收入，他们不必再当家庭教师，可以安心写作。

2月13日，作《离去》（短篇小说），发表于哈尔滨1934年3月10日—11日《国际协报·国际公园》。

3月6日—7日，作《夏夜》（散文），发表于哈尔滨《国际协报·国际公园》。

3月8日，作《出嫁》（短篇小说），发表于哈尔滨1934年3月20日《国际协报·国际公园》。

3月9日，作《患难中》（短篇小说），发表于哈尔滨1934年3月—5月《国际协报·文艺》（目前仅发现发表于5月3日的最后一部分，署名田娣）。

3月中旬，舒群来信，邀二萧去青岛。

3月16日，作《蹲在洋车上》（散文），发表于哈尔滨1934年3月30日—31日《国际协报·国际公园》（收入1940年6月重庆大时代书局出版的《萧红散文》时，改篇名为“皮球”）。

《麦场》（小说），首发于1934年4月20日—5月17日《国际协报·文艺》（该篇为1935年12月上海容光书局初版的《生死场》前两章《麦场》《菜圃》）。

5月间，因病在乡下萧军友人家养病十三天。

6月12日，与萧军乘火车悄然离开哈尔滨，去大连。

下半年，张秀珂从齐齐哈尔转学到哈尔滨，希望离姐姐近一点，到商市街25号找萧红，才发现人去房空。

6月13日，到达大连，在萧军的友人家住了两夜。

1934年6月14日—28日，《镀金的学说》（散文），发表于哈尔滨《国际协报·文艺》，署名田娣。

6月15日，乘日本轮船“大连丸”号的三等舱，驶向青岛。

6月16日（端午节），到达青岛码头，被舒群和新婚妻子倪青华接到丈人家。这一天，是萧红的二十四岁生日。

6月17日，搬进舒群事先租好的观象山一路一号，住一侧两居室。不久，舒群夫妇搬来住在另一侧。萧军在《青岛晨报》副刊任编辑。萧红参与《新女性周刊》的编务，业余继续写作《麦场》。萧红和倪青华共同操持炊事，两家人一起吃饭。

夏天，萧军在报馆结识张梅林，三个人一起买菜、吃饭、唱歌、游玩、洗海水浴。《进城》(短篇小说）发表于《青岛晨报》副刊（只存篇目，发表日期与署名不详[①])。

9月9日，完成《麦场》(中篇小说，1935年12月由虚拟之上海容光书局出版时，胡风改书名为“生死场”)。

《去年今日》发表于哈尔滨1934年《国际协报》副刊（只存篇目，文体、发表日期、署名均不详)。

9月23日（中秋节)，倪青华和她的哥哥、弟弟一起被捕，萧军与萧红因事未参与倪家节日聚会而侥幸逃脱。以青岛市委书记高嵩为首的青岛中共地下党组织成员被一网打尽，高嵩、倪青华和其兄是蒋介石钦定的要犯，押解南京之后，交陆军监狱定罪，青岛一片白色恐怖。

10月初，和萧军一起给鲁迅写信。

10月中旬，得鲁迅回信，立即寄出两人合影、《跋涉》和《麦场》手稿。

10月下旬，报社发生问题，业务彻底瘫痪。所有朋友匆匆离去，他们和张梅林受命处理报社善后杂务至本月底。

11月1日，乘“大连丸”号的四等舱，逃离青岛，驶向上海。次日抵达，在码头附近的小旅馆住了一夜。

11月3日，住进拉都路上的一个亭子间，立即给鲁迅写信。

11月4日，得鲁迅回信，开始和鲁迅频繁通信。萧红勤奋写作，

---

① 此篇目是根据张梅林的回忆，很可能是《麦场》(《生死场》）的第十四节《到都市里去》，因为当时她正在写作《麦场》。

为萧军誊写《八月的乡村》。

11月30日，和鲁迅一家在一咖啡馆见面。

12月，经鲁迅大力推荐，生活社有意出版《麦场》，送国民党中央宣传书报检查委员会审查。

12月19日，鲁迅携全家以为胡风的儿子做满月的名义在梁园豫菜馆设宴，为二萧介绍可靠的朋友。得以结识茅盾、叶紫和聂绀弩夫妇。

1935年（二十五岁）：

历史纪事：6月18日，瞿秋白在福建长汀就义。7月中旬，中共陕甘根据地正式建立。12月9日，一二·九学生运动爆发。

1月26日，作《小六》（散文），由鲁迅推荐，发表于上海1935年3月5日《太白》第一卷第十二期。收入《萧红散文》时，改名为《搬家》。

3月，开始写作系列散文《商市街》。

3月5日，鲁迅在萧红、萧军和叶紫的联名要求下请客，席间支持他们奴隶社的设想，赞许自费出书的计划。

4月2日，搬到拉都路351号。

5月2日，鲁迅全家来访。

5月15日，完成《商市街》。

夏，开始和萧军一起学习世界语。

6月1日，《饿》（散文）发表于《文学》第四卷第六号。

6月，国民党中央书报审查委员会审查《麦场》结果，不准出版。鲁迅把它介绍给《文学》社，不久，因“稍弱”被退了回来。鲁迅又交给胡风，让拿到《妇女生活》试一试。

6月中，搬到赛坡赛路190号，住在萧军朋友唐豪律师家二楼的后楼。

7月，罗烽、白朗到达上海，挤住在二萧处。

7月下旬，舒群来到上海，先住塞克处。塞克因组织狮吼剧团，排演《流民三千万》，触怒当局而失业，舒群自己租住华美里亭子间。后来，罗烽白朗搬去同住。

7月28日，《祖父死的时候》（散文）发表于长春《大同报·大同俱乐部》。

8月，张廷举集各地族人之资，编撰印刷《东昌张氏宗谱书》，编入从张氏始祖张岱至“维、廷、秀、福”四世族人，姜玉兰条目下只写有“生三子”。

8月5日，《三个无聊的人》（散文）发表于上海《太白》第二卷第十期。

10月，得鲁迅信，知《麦场》正式出版无望，胡风改名“生死场”，决定自费出版。

11月6日，如期第一次赴鲁迅家宴。

11月14日，鲁迅为《生死场》作序。

12月中，《生死场》作为“奴隶丛书”之三，假托虚拟的“容光书局”自费印行，署名“萧红”，内收鲁迅《序言》和胡风的《读后记》。

本年，李玛丽到达上海，萧军旧情复发，示爱被委婉回绝。萧红陷入情感的烦恼，与萧军发生隔阂。

1936年（二十六岁）：

历史纪事：1月28日，东北抗日联军成立。10月19日，鲁迅逝世。12月12日，张学良、杨虎城兵谏蒋介石，西安事变爆发。

1月5日，《初冬》（散文）发表于上海《生活知识》第一卷第七期，署名萧红。

1月19日，在鲁迅的支持下，与胡风、萧军、聂绀弩等人共同编辑的《海燕》出刊，当日销售2000册。鲁迅夫妇携海婴在梁园豫菜馆设宴庆贺。萧红的《访问》（散文）发表于上。

春，陈涓携幼子到达上海，住其兄赛坡赛路16号。2月里的一天，和妹妹一起到赛坡赛路190号看望二萧，引起萧红巨大的情感创痛。

3月1日，《广告员的梦想》（散文）发表于《中学生》第六十三期，此后，又连续发表多篇，都是以随笔“三篇”或“两篇”的小辑连发。

3月中，与萧军搬到北四川路永乐坊。

3月23日下午，在鲁迅家结识史沫特莱。此后，又结识了日本左翼文人鹿地亘和夫人池田幸子，还见过冯雪峰。

4月10日，《索菲亚的愁苦》（散文）发表于上海《大公报·文艺》第一二五期，署名萧红。

4月15日，《手》（短篇小说）发表于《作家》。

5月6日，完成《马房之夜》（短篇小说），发表于上海1936年5月15日《作家》第一卷第二号，署名萧红。

5月16日，鲁迅病重，频繁出入鲁迅家。

6月15日，在鲁迅、茅盾和巴金等六十七位作家联合签署发表的《中国文艺工作者宣言》上签名。

本月，辑组诗《苦杯》，共计十一首，收录进自集诗稿中。

下半年，张秀珂高中毕业以后，赴东京入早稻田大学读书。

7月中，决定东渡日本，萧红期待在东京与张秀珂会面。萧军则去青岛，两人约定一年后回上海会合。

7月15日晚，鲁迅设家宴，许广平亲自制馔，为萧红饯行。

7月16日，黄源设宴为萧红送行，饭后，到照相馆三人合影。

7月17日，乘船赴日。

7月18日，到达神户，给萧军发信告平安。

7月21日，转陆路车行到东京，住黄源夫人许粤华处。几天以后，在东京麹町目富士见二丁目九一五中村家楼上租下一间房，独自居住。和弟弟联系不上，听信误传，以为张秀珂已于7月16日回呼兰家中了。张秀珂尚在东京，因为受到日本特务的监视，而不敢来和姐姐会面。

8月中，散文集《商市街》出版，作为巴金主编的《文学丛刊》第二集第十二册，由上海文化生活出版社出版，内收散文四十一篇：《欧罗巴旅馆》《雪天》《他去追求职业》《家庭教师》《来客》《提篮者》《饿》《搬家》《最后一块木柈》《黑列巴和白盐》《度日》《飞雪》《他的上唇挂霜了》《当铺》《借》《买皮帽》《广告员的梦想》《新识》《“牵牛房”》《十元钞票》《同命运的小鱼》《几个欢快的日子》《女教师》《春意挂上了树梢》《小偷、车夫和老头》《公园》《夏夜》《家庭教师是强盗》《册子》《剧团》《白面孔》《又是冬天》《门前的黑影》《决意》《一个南方姑娘》《生人》《又是春天》《患病》《十三天》《拍卖家具》《最后一个星期》，后附郎华（萧军）的《读后记》。

8月9日，作《孤独的生活》（散文），发表于上海1936年9月5日《中流》第一卷第一期，署名悄吟。

8月14日，作《异国》（诗歌），写于致萧军书信中[①]。

生重病，由许粤华带领到医院看病。养病期间，和房东五岁的儿子处得很好。

8月底，许粤华回国。在孤独中勤奋写作《家族以外的人》。

9月初，身体恢复，独自看电影三次。作《红的果园》（短篇小说），发表于上海9月15日《作家》第一卷第六号，署名萧红。

9月12日，遭日本刑事（警察）入室盘查，气愤焦虑生病，此后又被跟踪了一段时间。不久，唯一相识的沈女士也搬到市外居住，萧红陷入孤独的焦虑。

9月14日，进入“东亚补习学校”学习日语。

9月中，《商市街》再版。

9月中旬，萧军回上海。萧红打消一度想回国的念头，准备坚持住满一年。

9月20日，《王四的故事》（短篇小说）发表于上海《中流》第一

---

① 萧军．萧红书简辑存注释录［M］．哈尔滨：黑龙江人民出版社，1980。

卷第二期，署名萧红。

10月1日，《牛车上》（短篇小说）发表于上海《文学季刊》第一卷第五期，署名萧红。

10月19日，鲁迅病逝。三日后，萧红知悉，陷入极度的哀伤。致信萧军。

10月下旬，萧军与许粤华发生恋情。萧红坚持写作，完成《家族以外的人》，酝酿构思《呼兰河传》。

10月29日—30日，《女子装饰心理》（散文）发表于上海《大沪晚报》第七版，署名萧红。

11月2日，萧红去听郁达夫的讲演。

11月5日，将10月24日致萧军信，以"海外的悲悼"为题，以萧军恋人的名义发表于《中流》第一卷第五期。

11月29日，《感情的碎片》（散文）发表于上海《大公报·文艺》第二五七期，署名萧红。

12月12日，西安事变爆发。萧红写作小传《永久的憧憬与追求》，发表于上海1937年《报告》第一卷第一期，署名萧红。夜宿女友沈女士家，次日，听说事变，惊惶一日。

下旬，得萧军信，解释他与许粤华之间的感情瓜葛。

1937年（二十七岁）：

历史纪事：6月，东北救亡总会在北平成立。7月7日，卢沟桥事变爆发。7月29日，北平、天津沦陷。7月28日，上海文化界救亡总会成立。8月4日，周恩来、朱德和叶剑英赴南京出席国防会议，国共逐步开始第二次合作，全民抗战拉开序幕。8月13日，历时三个月的淞沪会战爆发。8月14日，日军轰炸南京。8月25日，红军改为八路军。9月25日，平型关大捷。10月12日，新四军成立。11月13日，上海沦陷。12月20日，国民政府宣告迁都重庆。12月13日，南京沦陷，日军开始六个星期的大屠杀。

1月2日，得萧军信，为了结束"没有结果的恋爱"而召她速回上海。同时得张秀珂信，知道他已经从秦皇岛辗转到上海，找到了萧军。

1月4日，致信萧军，报平安。

1月9日，车行到横滨，乘“秩父丸”号邮轮的三等舱，启程回上海。在船上，巧遇哈尔滨旧友高原，两个人畅谈甚欢。

1月13日，到达上海汇山码头。哈尔滨时期牵牛坊的老友黄源设宴，与萧军等朋友为她接风洗尘。住吕班路256弄一家俄国人经营的公寓顶楼。

中旬，拜谒鲁迅墓，回来作《拜墓诗》。发表于上海1937年4月23日《大公报·文艺》第三二七期，署名萧红，收入自编诗稿。

3月15日，组诗《沙粒》发表于《文丛》第一卷第一期，将与萧军的情感危机公之于世。共计三十七首，《文丛》发表的是其中的三十四首，署名悄吟。后收入1937年《好文章》第七期，其中的三十六首收入自编诗稿。

4月间，与萧军关系恶化，出走进一犹太人开的画院，旋即被朋友找回。二萧与哈尔滨时期的旧友关系恶化。

4月23日夜，乘车去北平。住中央饭店，找萧军旧友和自己的同学都不遇，辗转找到李洁吾。

4月25日，搬到李洁吾家，为李家夫妇调解纠纷、看孩子。

4月26日，搬入李洁吾为之联系的灯市口北辰宫旅馆。其间，与李洁吾夫妇、舒群来往密切，和舒群一起游览长城、看富连成小班的京剧表演，逛东安市场。赠舒群鲁迅校改的《生死场》手稿，和东北旧友尽释前嫌。

5月，《牛车上》（短篇小说散文集）收入巴金主编的“文学丛刊”第五集第五册，由文化生活出版社出版，署名悄吟。内收作品五篇：《牛车上》《家族以外的人》《红的果园》《王四的故事》《孤独的生活》。

5月10日，《两个朋友》（短篇小说）发表于上海1937年《新少年》第二卷第九期，署名萧红。

5月下旬，萧军放弃北上计划，声言旧病复发，萧红再次被召回上海。参加《鲁迅先生纪念集》的资料搜集和整理工作。黄源和许粤华离婚，萧红和萧军关系勉强维持，与鹿地亘、池田夫妇来往密切。

6月20日，作《一粒土泥》（诗歌），为纪念金剑啸殉国周年，收入上海1937年8月1日夜哨丛书出版社出版《兴安岭的风雪》附录中。

7月7日，卢沟桥事变爆发，国共两党第二次合作，中国开始全民抗战。

本月，张秀珂带着萧军给红军中熟人的介绍信，离开上海奔赴西安投身武装抗战的行列，后又随改编之后的八路军东渡黄河，转战山西各地。

7月19日，得李洁吾信，记叙北平的情况，萧红节选加按语，发表于《中流》第二卷第十期，署名萧红。

8月1日，作《日记》，在1937年10月28日汉口《大公报》副刊《战线》第三十六号、10月29日第三十七号连载，署名萧红。

8月2日，作《日记》，载1937年11月3日汉口《大公报》副刊《战线》第四十一号，署名萧红。

8月间，作《在东京》（散文），发表于武汉1937年10月16日《七月》第一集第一期，署名萧红，收入《萧红散文》时，改名为《鲁迅先生记（二）》。

8月13日，淞沪战争爆发。次日，作《天空的点缀》（散文），发表于上海1937年9月11日《七月》第一期，署名萧红。后刊于武汉1937年10月16日《七月》第一集第一期。

8月17日，作《窗边》（散文），发表于上海1937年9月25日《七月》第三期，署名萧红。

8月22日，作《失眠之夜》（散文），发表于上海1937年9月18日《七月》第二期，署名萧红，后刊于武汉1937年10月16日《七月》第一集第一期。

8月中下旬，置个人安危不顾，奔走援救因左翼亲华的身份而陷于中日两国冲突中的鹿地亘夫妇。

8月底，胡风出面邀请萧红、萧军、曹白、艾青、彭柏山、端木蕻良等作家，商议创办刊物。萧红提议刊物名叫《七月》，得到普遍赞同。在此次聚会上，初识端木蕻良。

9月28日，和萧军一起，在上海西站乘车，向武汉三镇撤退。在江汉关的检疫船上巧遇萧军哈尔滨时期的故友、检疫官、诗人于浣非，经他介绍结识诗人蒋锡金，住进他位于武昌水路前街小金龙巷21号的住所，与叶以群为邻。

10月18日，《万年青》（散文）发表于武汉1937年《战斗旬刊》第一卷第四期“鲁迅先生周年祭特辑”，署名萧红。收入《萧红散文》时，改名为“鲁迅先生记（一）”。

10月20日，《逝者已矣!》发表于汉口《大公报·战线》第二十九号。

10月下旬，端木蕻良应萧军之约来到武汉，住进小金龙巷21号。

萧红开始写作长篇小说《呼兰河传》，完成第一章。

应蒋锡金之约，参加“战斗书店”（时调社）诗歌朗诵活动，每周数次，每次约十五分钟，在汉口广播电台现场直播。

11月间，国民政府的部分机构从南京迁至武汉，大批文化人蜂拥而来，武汉成为战时政治、军事和文化的中心。张梅林到达武汉，与二萧时相往来。结识漫画家梁白波，她是蒋锡金的童年密友，也是金剑啸早年的恋人，也搬到小金龙巷，和他们同住。

11月1日，《火线外》（散文，此篇包括《窗边》和《小生命和战士》），发表于武汉1937年《七月》第一集第二期，署名萧红。

11月27日，《一条铁路底完成》（散文），发表于武汉1937年12月1日《七月》第一集第四期，署名萧红。

12月5日，日军下令进攻南京，中国军队浴血奋战七天，至13日，南京沦陷。叶浅予随着逃亡的人到武汉，带走了梁白波，他与梁白波是同居的关系。

12月10日，与萧军、端木蕻良遭当局逮捕。次日，在多方斡旋之下，三人获释。年底二萧搬进冯乃超位于武昌紫阳湖畔寓所。

12月13日，《一九二九年底愚昧》（散文），发表于武汉1937年12月16日《七月》第一集第五期，署名萧红。

1938年（二十八岁）：

历史纪事：7月24日，武汉会战拉开序幕。10月24日，蒋介石下令放弃武汉。12月29日，汪精卫公开投敌叛变。

1月3日，《〈大地的女儿〉与〈动乱时代〉》（书评）发表于1月16日武汉《七月》第二集第二期，署名萧红。

1月16日下午，参加七月杂志社“抗战以来的文艺活动动态与展望”座谈会，表达自己对抗战文学题材多样的见解，反对战场高于一切的主张。

1月27日，与萧军、聂绀弩、艾青、田间、端木蕻良等人离开武汉，前往临汾民族革命大学，受聘为文艺指导。

2月4日，抵达潼关。

2月6日，抵达临汾，当天晚上就赶上师生批判斗争托派分子张梦陶。不久，丁玲率领“西北战地服务团”到达，与之建立深厚友情。

不久，崔嵬、塞克等人随“上海文化界抗日救亡演剧一队”也辗转来到了临汾，和“西北战地服务团”会合，为陕西抗日部队演出。萧红由此结识了塞克等一批新朋友，置身于浓厚的艺术氛围中，与聂绀弩谈文论艺，陈述自己对鲁迅的理解，第一次陈述了关于小说的成熟理念：不相信所有的艺术圭臬，“……有各式各样的作者，有各式各样的小说”。

2月间，听说弟弟张秀珂在洪洞县前线，转去一封信。

2月20日，完成《记鹿地夫妇》（散文），发表于武汉1938年5月1日《文艺阵地》第二期，署名萧红。

2月中旬，日军攻陷太原，兵分两路进攻临汾。民族革命大学决定撤到晋西南的乡宁一带，丁玲带领“西北战地服务团”奉命向西安方向转移，先到运城待命，萧红有意到延安看一看。校方决定让招聘来的作家或者留下，或者随丁玲走。在去与留的问题上，二萧爆发激烈争吵。萧军执意留下打游击，萧红随丁玲乘火车去运城。

2月下旬，到达运城。24日，给高原写信，告知随丁玲去延安的计划。

3月1日，到达潼关。丁玲接到总部命令，取消回延安的计划，转赴西安，去延安的计划遂作罢。不日，到达西安，住民族革命大学的招待所。

3月16日，途中与端木蕻良、塞克和聂绀弩合作的剧本《突击》，在日机的轰炸声中公演，轰动整个西安，连续三天七场，场场观众爆满。不久，搬到七贤庄八路军办事处（梁府街女子中学大院内），与端木蕻良过从甚密。

4月1日，《突击》（三幕剧本：与塞克、端木蕻良、聂绀弩等共同作于1938年初，由塞克整理完成），发表于武汉1938年《七月》第二集第十期，署名萧红、塞克、端木蕻良、聂绀弩。

4月初，萧军随丁玲、聂绀弩回到西安。萧红与萧军正式分手，其后明确与端木蕻良的恋爱关系。

4月下旬，与端木蕻良一起回到武汉，先住在池田幸子处，后住进小金龙巷21号。和梅志一起找医生询问打胎事宜，因费用昂贵而作罢；后又托蒋锡金联系医生，蒋锡金得知是萧军的孩子而极力劝阻，又告知只认识一个医生于浣非，遂迅速拒绝。

4月29日下午，出席胡风召集的以《现时文艺活动与〈七月〉》为议题的文艺座谈会，发表自己的文艺观点：“作家不是属于某个阶级的，作家是属于人类的。现在或者过去，作家的写作的出发点是对着人类的愚昧。”

5月15日，《无题》（散文）发表于武汉1938年5月17日《七月》第三集第二期，署名萧红。

5月下旬，与端木蕻良在汉口大同酒家举行婚礼，胡风、艾青、池田幸子等人出席。

8月上旬，因船票紧张，只搞到一张，又听说重庆房屋紧缺，端木蕻良只身先期去重庆，寻找落脚之地。

8月6日，完成《黄河》（短篇小说），发表于汉口1939年2月1日《文艺阵地》第二卷第八期，署名萧红。

8月20日，完成《汾河的圆月》（短篇小说），发表于汉口1938年8月26日《大公报·战线》第一七七期，署名萧红。

9月18日，《寄东北流亡者》（散文，端木蕻良代笔）发表于汉口1938年《大公报·战线》第一九一期，署名萧红。

9月10日起，日机开始轰炸武汉，次日，萧红搬到汉口三教街"中华全国抗敌协会"总部，与孔罗荪等人住在一起，在混乱中坚持写作。

9月中旬，与冯乃超夫人李声韵结伴去重庆。行至宜昌，李声韵不幸大咯血，由同船《武汉日报·鹦鹉洲》编辑段公爽送至医院。萧红在码头上被缆绳绊倒，许久，被路人扶起，没有赶上船班。次日，乘另一班船去重庆。大约走了十天水路。由端木蕻良接到亲戚家。

10月间，完成《孩子的讲演》（短篇小说），后收入重庆上海杂志公司出版的《旷野的呼喊》。

10月31日，《朦胧的期待》（短篇小说）发表于重庆1938年11月18日《文摘战时旬刊》第二十六期，署名萧红。

11月，在江津唯一一家小医院产下一男婴。三天后，告知白朗，孩子夜里抽风死了。几天以后，白朗把她从医院直接送到码头，离开江津返回重庆。先在朋友家小住，后入住歌乐山云顶寺乡村建设所的招待所，山下为宋美龄创办的歌乐山孤儿养育院。除了写作，萧红还参与养育院的日常工作，和院长曹孟君探讨儿童教育的问题。应新华社之约，为纪念世界语创始人柴门霍夫的专刊，完成散文《我之读世界语》。

12月，与池田幸子、绿川英子住米花巷1号。

12月22日，在塔斯社重庆分社，接受苏联记者B.H.罗果夫的采访，回答鲁迅与瞿秋白的关系等问题，还介绍其他与鲁迅关系密切的人，为计划写作的鲁迅传做准备。

12月29日，《我之读世界语》（散文）发表于重庆1938年《新华日报》副刊，署名萧红。

1939年（二十九岁）：

历史纪事：5月3日，日军开始轰炸重庆。9月1日，德军闪击波兰，第二次世界大战爆发，3日，英法对德宣战。

1月9日，作《牙粉医病法》（散文），因有反日倾向不能发表，后收入《萧红散文》。

1月21日，《逃难》（短篇小说）发表于重庆1939年《文摘战时旬刊》第四十一—四十二期合刊，署名萧红。

1月30日，完成《旷野的呼喊》（短篇小说），发表于香港1940年4月17日—5月7日《星岛日报·星座》第二五二—二七二号，署名萧红。

春，作《滑竿》（散文）、《林小二》（散文），收入《萧红散文》。

3月14日，致许广平信，以《离乱中的作家书简》为题，发表于上海1939年4月5日《鲁迅风》第十二期，署名萧红。

4月，作《长安寺》（散文），发表于上海1939年9月5日《鲁迅风》第十九期，署名萧红。重发上海1940年8月1日《天地间》第二期。

5月3日、4日，日机连续轰炸重庆繁华街市，死伤四千余人，十万人无家可归。

5月12日，下山进城，遭逢日机轰炸，躲在公园的铁狮子附近逃过一劫。十三天后，铁狮子毁于日机的炸弹，几百名无辜者死难。

5月间，和端木蕻良搬到嘉陵江畔的黄桷树镇，住进复旦大学苗圃，勤奋写作，身体出现肺结核的病象。写作《马伯乐》。复旦大学教务长孙寒冰有意聘她为教授，担任几个课时，被直率谢绝。

5月16日，《莲花池》（短篇小说）发表于重庆1939年5月16日

《妇女生活》第八卷第一期，署名萧红。

6月9日，作《放火者》（散文），发表在《文摘战时旬刊》第五十一—五十三期合刊，署名萧红。后改名“轰炸前后”，发表于上海1939年8月20日《鲁迅风》第十八期，署名萧红。

7月20日，完成《山下》（短篇小说），发表于1940年第一号《天下好文章》。

7月24日，完成《梧桐》（小说），发表于8月18日《星岛日报·星座》第三七五期，署名萧红。

8月5日，作《花狗》（短篇小说），发表于香港1939年《星岛日报·星座》第三七一号，署名萧红。

8月28日，作《茶食店》（散文），发表于香港10月2日《星岛日报·星座》第四一九号，署名萧红。

秋，和端木蕻良搬到秉庄复旦大学教工宿舍的二层筒子楼中。写作一部根据华岗情感经历为素材的革命者婚恋的悲剧小说。

9月10日，和端木蕻良一起到黄桷树王家花园，出席胡风等发起的“中华文艺界抗敌协会北碚联谊会”成立活动，结识了一批新朋友。此后，又应“火焰山文艺社”之约，为其刊撰稿，为文艺爱好者讲座。

9月22日，作《鲁迅先生生活散记——为鲁迅先生三周年祭而作》（回忆录），发表于重庆1939年10月1日《中苏文化》第四卷第三期，署名萧红。重发于新加坡1939年10月14日—28日《星洲日报·晨星》。再发于武汉1939年11月1日《文艺阵地》第四卷第二期。

10月18日，作《记忆中的鲁迅先生》（散文），发表于香港10月18日—28日《星岛日报·星座》第四二七—四三二号，署名萧红。后改为《鲁迅先生生活纪略》（散文），重发于1939年12月《文学集林》第二辑《望——》。

10月19日，参加纪念鲁迅逝世三周年的集会。再次会见B.H.罗果夫，从此指导他读鲁迅等作家的新文学作品，直至年底回国，临行来向他们告别。B.H.罗果夫在萧红的讲解下，理解了《阿Q正传》。

10月20日，完成《记我们的导师——鲁迅先生生活的片段》（散文），发表于重庆1939年《中学生》战时半月刊第十期，署名萧红。此篇是在《鲁迅先生生活散记》的基础上改写。

10月26日，《回忆鲁迅先生》脱稿，寄上海，请许广平审定。

11月，与端木蕻良应邀参加苏联大使馆在枇杷山举行的十月革命纪念节的庆祝活动。B.H.罗果夫表示要翻译他们的作品，希望允许并且予以协助，萧红和端木蕻良欣然同意。后来，B.H.罗果夫翻译的《中国短篇小说》中，收录了萧红的《莲花池》。结识曹靖华，相谈甚为投契。

12月中，重庆北碚不断遭受轰炸，与端木蕻良商议离开重庆，征求华岗意见，决定去香港。

1940年（三十岁）：

历史纪事：3月30日，汪精卫伪中华民国政府在南京成立。8月20日开始百团大战。

1月17日，与端木蕻良飞抵香港，住九龙尖沙咀金巴利道纳士佛台3号。

2月5日，“文协”香港分会在大东酒家举行全体会员聚餐会，热烈欢迎萧红与端木蕻良。

3月3日晚，参加在坚道养女子中学举行的座谈会，讨论《女学生与三八妇女节》。

3月，《旷野的呼喊》（短篇小说集）列入郑伯奇主编的《每月文库》第一辑之十，由上海杂志公司出版，署名萧红。内收短篇小说七篇：《黄河》《朦胧的期待》《旷野的呼喊》《逃难》《山下》《莲花池》《孩子的讲演》。1946年5月，上海杂志公司再版时，因有八路军的形象，删去了《黄河》。

春，搬至纳士佛台3号2楼。

4月，以“中华全国文艺界抗敌协会”会员身份，登记成为“文协”香港分会会员。

作《后花园》（短篇小说），发表于香港1940年4月10日—25日《大公报·文艺》第八一四—八二四期、香港《大公报·学生界》第一一七——一九期，署名萧红。重发于桂林1940年9月—10月《中学生》战时半月刊第三十一—三十二期。

5月11日，与端木蕻良应岭南大学艺文社之邀，参加学生组织的文艺座谈会。

5月12日，与端木蕻良出席香港文协与中国文化协进会举办的“黄自纪念音乐欣赏会”。

6月，《萧红散文》由重庆大时代书局出版，内收散文十七篇：《一天》《皮球》《三个无聊的人》《搬家》《黑夜》《初冬》《索菲亚的愁苦》《访问》《夏夜》《鲁迅先生记（一)》《鲁迅先生记（二)》《一条铁路底完成》《牙粉医病法》《滑竿》《林小二》《放火者》《长安寺》。

6月24日，致信华岗，关心他的生活工作，也通报了自己的情况，告知有一部长篇已经交生活出版社，这部长篇当为1940年重庆妇女生活社出版的长篇纪实散文《回忆鲁迅先生》。

6月28日，完成《〈大地的女儿〉——史沫特莱作》（散文），发表于香港1940年6月30日《大公报·文艺综合》第八七一期，署名萧红。

7月，作《民族魂鲁迅》（哑剧剧本），发表于香港1940年10月21日—31日《大公报·文艺》第九五二—九五九期、香港《大公报·学生届》第二三六—二三八期，署名萧红。

7月7日，致信华岗，有回内地打算，只是去向未定，犹豫不决。告知为华岗著作出版了解到的信息，诉说与胡风关系恶化的烦恼等。

本月，《回忆鲁迅先生》（回忆录）由重庆妇女生活出版社出版，《后记》为端木蕻良作，附录收许寿裳的《鲁迅的生活》和景宋（许广平）的《鲁迅和青年们》。

下半年，反复给张梅林写信，空气紧张的时候，就告知正在买飞机票，打算回重庆，托找合适的房子；紧张空气一过，又因《马伯乐》未完成和有病，取消返回计划。

7月28日，致信华岗，打消了近期离港的主意，在通报事务性消息之后，谢绝向胡风解释的建议，告知8月间要完成革命者婚恋悲剧的长篇小说（后来文稿遗失[①]），当以华岗与前妻葛琴的情感纠葛为内容。还寄上了《马伯乐》的第一章，并请转交曹靖华。

8月3日下午3时，出席在加路连山举行的香港各界“纪念鲁迅先生六十生诞”纪念会，报告鲁迅生平事迹。晚上，出席在孔圣堂举行的晚会。

8月28日，致信华岗，祝贺华岗《中国民族解放运动史》出版。

9月1日，长篇小说《呼兰河传》开始在《星岛日报·星座》第六九三号连载，署名萧红。

12月20日，《呼兰河传》完稿，连载结束于12月27日的八一〇号。此时，萧红还计划写一部泥河的小说，是关于移民开发北大荒的长篇小说，当为她的母系家族史。还有十个短篇的计划，都属于构思的“呼兰河系列”。此外，还酝酿写一部表现哈尔滨1928年“一一·九”学生反日护路爱国运动的长篇，题目已经拟好，名为“晚钟”。[②]

冬，结识“国兴社”的社长胡愈之，通过他结识民主活动家、“东北抗敌协会会长”周鲸文。后者为他们在自己办的刊物《时代批评》上提供了大量版面，并且出资合作创办大型文学期刊《时代文学》，与端木蕻良同时担任主编，由端木蕻良全权负责。还设想请萧红出任《时代妇女》的主编，被直率拒绝。

1941年（三十一岁）：

历史纪事：1月4日，皖南事变爆发。6月5日，重庆发生隧道惨案，万人死于空气窒息的防空隧道中。6月22日，德国入侵苏联。12月7日，日军袭击珍珠港，罗斯福宣布对日作战，另有二十余个国家宣布对日作战，太平洋战争开始，第二次世界大战全面爆发。12月8

① 端木蕻良离港时，箱子中所有东西都被盗，这部手稿也在其中。见曹革成．我的婶婶萧红［M］．长春：时代文艺出版社，2005：218。

② 曹革成．我的婶婶萧红［M］．长春：时代文艺出版社，2005：169。

日，香港保卫战开始。12月9日，中华民国政府正式宣布对日本国宣战。12月25日，香港沦陷。

1月，《马伯乐》（第一部）（长篇小说）作为“大时代文艺丛书”，由香港大时代书局1941年1月出版，五个月后再版。

4日到14日，皖南事变爆发，国共两党关系紧张。惦记在新四军的弟弟张秀珂和呼兰家中的亲人，开始写作《北中国》（短篇小说），表达与父亲及家人的和解。

1月29日，致信华岗，告知正在阅读他《中国民族解放运动史》的第二部，诉说对家园的思念。

2月1日，《马伯乐》（第二部）在香港《时代批评》杂志第六十四期开始连载。至八十二期第九章结束，因病终止。

2月初，和端木蕻良搬至九龙乐道8号二楼。

2月14日，致信华岗，为端木蕻良主编的刊物约稿，称赞华岗的著作“……写得实在好。中国无有第二人也”。

2月17日，主持“文协”香港分会等文化团体在思豪酒店欢迎史沫特莱、宋之的、夏衍、范长江等人的茶会。

3月初，史沫特莱到家中探望，告知战争的态势，港英当局已经在做三个月的战斗准备，秘密转移英国妇女儿童到澳大利亚，建议他们去新加坡，并且帮助建立撤退的联系。她为萧红联系玛丽医院，希望萧红全面检查身体，收费可以优惠。她邀萧红到香港主教罗纳德·霍尔（中文名字为何鸣华）的玫瑰谷别墅同住。写作《马伯乐》（第二部）。

3月26日，完成《北中国》（短篇小说），发表于香港4月13日—29日《星岛日报·星座》第九〇一—九一七号，署名萧红。

4月初，回到乐道8号家中。

4月中旬，茅盾和夫人来港，和史沫特莱一起前来乐道8号探望萧红。萧红动员大家一起去新加坡，茅盾因工作不能成行，只好滞留香港。

5月5日，《骨架与灵魂》（散文）发表于香港《大公报·灯塔》，署名萧红，重发同日《华商报·华灯》第二十一号。

5月下旬，史沫特莱回国前来辞行，索要著作带回美国翻译出版，萧红交给她《马房之夜》，并托她带给辛克莱《生死场》，不久，辛克莱写来感谢信，寄来近作《合作社》。

5月30日，《呼兰河传》（长篇小说）由上海杂志公司（桂林）以“每月文库”第二辑之六出版。

6月，胡风到港，前往探望，面对她对旧日朋友的怀念，流露出的平和哀音，极力劝导，安心养病，来日方长，还可以做许多事情。

7月1日，重抄的旧作《小城三月》（短篇小说），发表于香港《时代文学》第一卷第二期。

8月，因失眠、咳嗽加剧，为治疗痔疮，到玛丽医院诊治，全面检查之后，确诊为肺结核，需要住院治疗。周鲸文赞助了昂贵的住院医疗费用，地下党出了药费，萧红得以安心治疗。坚持写作《马伯乐》，直至第九章完。

9月，《马房之夜》（短篇小说）由斯诺前妻海伦·福斯特翻译成英文，发表在自己主编的《亚细亚》月刊，来信向萧红约稿。

9月20日，《“九一八”致弟弟书》（散文）发表于香港《大公报·文艺》第一一八六期，署名萧红。重发于桂林1941年9月26日《大公报》副刊。

与周鲸文等374人在《旅港东北人士“九一八”十周年宣言》上签名。

10月5日，端木蕻良接到骆宾基电话，称是内地来的青年作家，困在旅馆，需要帮助。此后，端木蕻良尽力相助，安排好住宿，又撤下自己的稿子，在《时代文学》连载两期他的长篇小说《人与土地》，萧红为其设计肥大高粱叶子的刊头画。骆宾基称曾与张秀珂同学，萧红请他到家中，热情款待畅谈。

10月19日，由东北抗敌协会副会长、地下党员于毅夫接回乐道8号家中。

10月20日，柳亚子前来拜访。此后，经常来和萧红聊天，并有诗歌唱和。为她延请名医，募集医药费用。

11月初，茅盾、巴人、杨刚、骆宾基、胡风等前来探视。

12月7日，得海伦·福斯特寄来《马房之夜》的二百元港币稿费。手续未办完，珍珠港事件爆发，萧红最终没有得到这笔钱。

12月8日，日军偷袭珍珠港，对英美宣战，进攻九龙。炮火中，柳亚子前来探望，骆宾基来电话辞行，端木蕻良挽留帮助照看萧红。是夜，于毅夫来，带领诸人从九龙转移至香港。

12月9日，住进思豪酒店。端木蕻良随于毅夫出去了解情况，萧红一直由骆宾基照顾。

当夜，廖承志接到周恩来密电，安排滞港文化人向南洋和东江撤退。后又接到电话，布置向桂林撤退的方案。过几天，要在格罗斯打大酒店的地下室，具体布置撤退事宜。此后，端木蕻良打算服从地下党安排，跟随中共地下党指定的人员一起撤退，萧红因病行动不便则另由专人负责转移。端木蕻良回来告知撤退的决定，并且正式告别，又匆忙走了。萧红受到极大的伤害，以为自己被端木蕻良抛弃，认为他不能共患难。骆宾基要到九龙去抢救小说手稿，被萧红挽留住，希望他送自己到许广平处，最终要回到呼兰家中："现在我要在我的父亲面前投降了，……因为我的身体倒下来了。"

香港陷入一片混乱，断水断电。

12月上旬，与骆宾基倾心交谈，重申自己的文学理想，相约将来续写完冯雪峰的长篇小说《卢代之死》，称之为"半部红楼"。

端木蕻良回到思豪酒店，带来两个苹果，还有柳亚子馈赠的四十美金，以备逃难之需。他回答萧红何时突围的问询："小包都打起来了，等着消息呢！"待的时间不长，又匆匆离去。入夜，萧红致电柳亚子，感谢馈赠之谊。

12月中旬，炮火愈加猛烈，端木蕻良和有关方面沟通，改变撤退的计划，回到思豪酒店，两人关系得以缓和。其间，于毅夫、杨刚、文协同事、《时代批评》同人都经常来看望。

18日，在炮火中，向骆宾基重申自己的小说理念，叙述《红玻璃的故事》，后由骆宾基于1942年冬追忆完成，发表于1943年1月15日《人世间》桂林复刊号第一卷第三期，注明萧红遗述，骆宾基撰。傍晚，思豪酒店中弹，骆宾基仓皇奔逃，整个酒店只剩端木蕻良和萧红两个人。全岛断电，日军开始登陆。物价暴涨，大街行人稀少。陷入极度的惊恐。

19日，转移至周鲸文家，条件有限，无法安置，商量的结果，转移到格罗斯打酒店。临行，周鲸文赠五百元港币。日机时时盘旋空中，全岛停水停电。

23日，日军逼近，跑马地一带居民纷纷迁徙，萧红被转移至何镜吾家落脚，再被安置到中环的一家裁缝店。不久，日军迅速占领格罗斯打酒店，改名丰岛酒店，作为占领军指挥部。

24日，转至斯丹利街时代书店的书库安顿下来。

25日（圣诞节），香港沦陷。

月底，端木蕻良得知柳亚子和何香凝已经由中共地下党安排近日离港，萧红听说何香凝身体欠佳，立即拿出自己的鱼肝油让端木蕻良送去。

1942年（三十二岁）：

历史纪事：1月1日，二十六个国家一起成立联合国，世界反法西斯联盟形成。2日，日军占领马尼拉。1月11日，日军占领吉隆坡，1月19日，日军占领缅甸……

1月9日，茅盾夫妇、叶以群、邹韬奋等分两批，由东江纵队交通员安排出港，朋友几乎走光。

1月12日，住进养和医院，萧红安排自己的后事：最担心自己的著作被随意删改，要求端木蕻良全权保护。要立字据，被端木蕻良阻止。其次，则是将来把自己安葬在鲁迅墓旁，目前，先要用白色绸子包裹自己，埋在面向大海的风景区。其三，是让端木蕻良将来去哈尔滨，找到自己和汪恩甲的孩子。第四是商量以《呼兰河传》的版税酬谢骆宾基的照护之谊。

1月13日，被院长李树培诊断为气管结瘤，必须手术，萧红求医心切，不顾端木蕻良的劝阻，违背常规，自己在手术单上签字。术后并未发现肿瘤，医生不知去向。萧红连说胸痛，精神尚好，还可以和端木蕻良、骆宾基谈话。

1月18日，端木蕻良找到朝日新闻社的记者，用汽车将萧红转至玛丽医院。下午2时，喉部刀口安装了呼吸铜管，因为气流受阻，不能说话。

1月19日夜12时，写下“我将与蓝天碧海永处，留得半部‘红楼’给别人写了……半生尽遭白眼、冷遇，身先死，不甘、不甘”。

1月22日晨，玛丽医院被日军接管，病人一律赶出来，萧红被转至一家法国医院。不久，法国医院又被日军接管，随即又被送到法国医生在圣士提反女校设立的临时救护站。法国医生尽力救助，无奈条件简陋、药品匮乏，生命垂危。6时许，陷入深度昏迷。

1月22日，上午10时，与世长辞。没有撤退的朋友同事冒险赶来做最后的告别，张学良的弟弟张学铭、原东北军师长张廷枢、端木蕻良《时代批评》的同事，为萧红凑了奠仪。

当时，香港街道遍地横尸，西盘营陶淑运动场成为万人坑，供市民使用的火化场是混烧，日本人专用的火葬场则是单体火化。端木蕻良通过香港政府卫生督察马超栋，安排萧红遗体送单体火葬场火化。

1月24日，遗体在香港跑马地背后的日本火葬场火化。

1月25日，黄昏，部分骨灰安葬在浅水湾丽都酒店前花坛里（1957年8月15日，迁葬广州银河公墓）。

1月26日，剩余骨灰安葬在圣士提反女校后院山坡下（始终没有找到）。

（此稿在修订时，得到袁权、郭玉斌等同好的指正，特此鸣谢）

附录二

鲁迅对萧红的影响

作为中国新文化与新文学的缔造者之一，鲁迅对萧红的影响是和新文化运动中所有白话文学作品的影响浑融一体的，包括翻译文学。萧红是五四新文化运动最早的得益者，新派乡绅的父亲在一设立女校的时候，就立即把她送去读书，但是祖母订立的婚约阻遏着她的求学与奋斗之路。进入哈尔滨现代女校，在新派教师的引导下，接触新文学的作品，在家庭政治启蒙的前提下，又接受了更前卫的左翼思潮。鲁迅对她的直接影响主要是新体白话文学写作的启蒙，在和家庭决裂之后的挣扎奔逃与奋斗中，作为革命文学的旗帜，鲁迅始终是她精神的引领者，也是她后来进入文坛的重要推手。 但是由于性别、文化背景、经历、处境等原因，萧红一直和鲁迅保持着心理的距离，并且想超越他。他们之间的关系更多是超越年龄、性别的精神默契，民族国家的巨大危机与国际视野的人类情怀、共同被原罪诅咒的出身宿命、包办婚姻的苦难和身体的病痛，对于文学创作宗教式的献身精神和对汉语自身魅力的独特领悟，是他们深厚的思想基础。萧红在继承鲁迅精神遗产的同时，又以女性独特的生命体验，特别是生殖的体验，开拓出属于自己的艺术园地，补充了鲁迅等所有男性作家无法抵达的表现领域。她接续着鲁迅的文学精神，在史传文学、哀祭文体、修辞等诸多方面，为汉语写作的现代转型做出了自己独特的贡献。

鲁迅是中国新文学之父。新文学指的是中国文学出现的一种新的语体文学，也就是白话文。一般认为第一篇白话小说就是鲁迅的《狂人日记》，当然这些年有争议，因为比他早的白话小说被发现，比如陈衡哲最早在《留美学生季报》上发表过一篇白话小说；四川有学者认为李劼人写的一篇白话小说比鲁迅发表的时间还要早一点，这些都是学界的争议。还有学者发现了晚清一个外交官用法文改写的古代中国传奇，也成为质疑中国现代文学时间节点和《狂人日记》作为白话小说开山之作的理由。但是我觉得没有什么可争议的，就其影响来说，《狂人日记》确实是第一篇。而且是和五四运动这个重大的历史事件，和《新青年》这份刊物，都紧密联系在一起的。《狂人日记》发表于中国具有划时代意义的刊物《新青年》上，而且是五四运动（1919年）爆发的前一年（1918年），这就趋近历史转折点的时间刻度，其影响的冲击波是没有任何作品可以比拟的，它就是这场文化改良运动的重要一环。而且，就其文体来说，开篇的题记用的是文言，正文部分改用白话，这种泾渭分明的语言形式，正好与新文化运动语体革命的时间相对应，具体地保留了那个传统大幅度震动、炸裂的历史时刻汉语的语用特征，是小说文体转型的过渡性形式标志。任何历史事件都有一个思潮积蓄的过程，特别是文化史上的事件更是如此，因为需要准备的时间更长，不会是突然爆发的。日本有一个历史学者用了一个概念，叫“延长线”，来描述一些制度的兴废过程，在过渡的时期原有的制度无法实行，会出现很多变通的方式，所谓上有政策下有对策，最后只好彻底改革，变通的方式取代原有的制度成为新的正式制度。文学史也是这样的，所以，我认为《狂人日记》作为第一篇白话小说是无可争议的文学史事实。从古至今，故事都在漂流中，有的在时间中漂流，比如《陌上桑》；有的在空间中漂流，比如《灰阑记》等等。翻译成哪种语言就应该算哪种文学，中国的翻译文学，只要是以白话为文体就属于现代汉语文学。当然有超越国境的情况，也要以文体为标准，比如近四十多年来关于世界华文写作的引入与研究，多是以现代汉语写作为基本形式，这也是五四白话文运动辐射的结果，特别是华文小说和新诗占了极大的比重，所以也证明着《狂人日记》作为白话小说第一篇的历史地位。

萧红出生于1911年，也就是革命的辛亥年。她的命运和这次革命，和胡適、鲁迅这一代人发起的新文化运动息息相关。由于家族的关系，她既跟旧的历史与文化习俗夹缠不清，又跟新的历史与文化精神紧密纠结，两股彼此冲撞与扭结的力量限制规定了她的人生与创作。1919年五四运动爆发，1920年她所在的县城呼兰的小学设立了女生部，她立即成为第一届学生，是五四运动的直接受益者。因为她的父亲张廷举是呼兰教育界的头面人物，是五四运动的急先锋，倡办女学的主将，当时任小学校的校长。同时，萧红的家庭和东北的政治史、文化史有着千丝万缕的联系。呼兰这个小城，在她的笔下是一派衰败的样子，她表现的是辛亥革命之后到五四运动之前那个时期。但是呼兰曾经是很辉煌的京畿之地，距金代的第一个都城阿勒楚克城很近，是黑龙江最早的五城之一。中东铁路开通以后，政治经济的中心转移到了哈尔滨，它才开始衰败；另外还有水患，以及1910年东北地区大规模爆发的鼠疫，使得这个小城迅速地衰败，很多人口外迁，几乎变成了死亡之城。

她出生在一个政治化的家庭，也是一个维新之家。这样的家族背景，和鲁迅所处的历史情景多有交集，这也是他们公共面对的基本历史情境。亡国灭种的巨大危机是所有现代知识者承受的共同宿命，新旧杂陈的文化变革又是苦闷人生的普遍心灵体验。

萧红的文学启蒙是古典文学，《呼兰河传》里详细记叙了她童年和祖父学古诗的经历。当时黑龙江的中小学语文课都是以古文为教材，小学生要用文言写作，毛笔书写。除了一个时代知识者共同的思想背景之外，鲁迅对她最直接的影响更多的是新文学的艺术启蒙，当然她也得益于那一代人共同开创的文化潮流整体的熏陶。她小学毕业后停学一年，因为婚约，家里逼着她出嫁。但她想继续升学，而且是到哈尔滨的新式学校上学。折腾了一年，家里才妥协，这可能是由于娘家和婆婆家有过商议。她的未婚夫当时已经师范毕业，在哈尔滨的小学教书，也是受过新式教育的。萧红到哈尔滨读书离那个男子近，也离婆婆家近，她这才能到哈尔滨，进东省特别区区立第一女子中学校读书。东省特别区是什么意思？在庚子之乱以后，俄国拿到了东北的路权，在修筑中东铁路的时候，侵占了中国大量的土地，沿线的村镇、道路大约有一百多万亩。北洋政府后来就把这些地收回了，设立了一个特区，这个特区就叫“东省特别区”，有自己相对独立的行政体系，为奉系军阀所管辖，这是民国时期的特区。东三省的概念是在1928年，张学良易帜以后才形成的行政区划的概念。

萧红最初接触的白话文是张资平和张恨水他们的小说，所以她的同学回忆她写情书很擅长。那个时候的女校就像是一个现代文明的大闺房，学生中有缠足又放足的，多数是订了婚的，入学时一个班三十多个人，陆续出嫁之后，到毕业只剩下十来个人。而且管理极其严苛，是参考了私塾的管理和西方女校的制度。也是在这个时候，萧红才开始读鲁迅。现在很多人都不以鲁迅为然，原因我觉得有两个，一个是被捧得太高了，作为一个政治符号，一个精神的符号，被道德化神化，强迫人们去仰视地接受他，这样就让人觉得和一个真实的人相距太远，被架空之后就容易激发质疑和颠覆的心理。第二是“影响的焦虑”，比如很多人都不以鲁迅为然，但是稍一留意，他基本的时间形式和句式都是从鲁迅那儿来的，这就是深受父亲的恩惠还要反对父亲的权威，也从另一个方面说明他实际上已经成为现代文学之父了。当然，鲁迅从神坛上被解放出来，人们才可能比较自由地言说鲁迅，不再按照官方的口径去阐释，这就使鲁迅研究正常化了。在萧红的时代，阅读和接受鲁迅都还不存在这样的问题，是自由选择的结果。

萧红读书的东省特别女子中学校除了一批以监管女生维护封建道统的守旧派教师之外，还引进了一批著名高校的新派教师，加上新式的课程设置，比如外语、体育与运动会等，都使她接受了最前卫的文化思想。萧红的美术教师高仰山是刘海粟的学生，是成名的画家，也是杰出的美术教育家。他在三年之内，给学生以系统的美术教育，指导学校的业余美术组，而且发现了萧红的美术才能，把她吸收进来，还组织野外画会，带领学生到大自然中写生。因为他同时还负责学校的图书室，可以采购大量新文学的作品。看到萧红她们看张资平的书，就批评她们，引导她们看有思想性和艺术性的新文学作品，萧红由此开始接触鲁迅，并且迅速痴迷。还有毕业于北大的语文教师王荫芬，把白话文引进了语文课堂。其他不少专业课的教师，也毕业于北大清华北师大等著名高校。那时候的新派青年都是反抗旧制度旧礼教的，都有救国救民的理想，所以萧红她们一伙儿朋友立志要当“自觉的革命者”，反抗社会与世界的不公，思想是很激进的。她在学校期间狂热投身过两次学生运动，其中一次是1928年反对日本强修五条铁路的学生运动，史称“一一·九”哈尔滨学生运动。就是11月9日这天，由哈尔滨学联组织的请愿运动，后来发展成示威游行。男学生冲进女校，把校长孔焕书几乎是绑架了，然后逼着她放女学生跟他们一起去游行。所以萧红未完成的写作计划中，有一部是以这个运动为题材的长篇小说《晚钟》。

在艺术形式上，比起其他新文学作家，鲁迅对她的影响是独一无二的。她童年跟祖父学古诗，打下了汉语音韵的基础，而鲁迅的《野草》实际上是一种新的诗体。当时散文诗刚刚兴起，一传到中国，鲁迅就立刻接过来，创作了《野草》。她和同学们在一起背诵，一个人刚念完“我的后院有两株树，一株是枣树”，其他的人就会接着说“另一株也是枣树”，可见烂熟于心。单就艺术成就来说，鲁迅是非常高的。竹内好认为鲁迅是革命家也是思想家，但革命家思想家的责任感从来都没有压倒过他作为文学家的自觉。鲁迅有很多成就，但是他在文学方面的成就，是他最终流传下来的原因，他的影响这么大，确实是有独特的艺术魅力。比如莫言谈到七八岁最初读到《狂人日记》的时候，正是“文革”最恐怖、民生最萧条的时期，尽管读不太懂，“模糊的一种恐怖感使我添了许多年不应该有的绝望”。青年时期自费买了十几本鲁迅的小册子，“幸福的，妙趣横生的”快乐，特别是读到《铸剑》的时候，“其瑰奇的风格和丰沛的意象，令我浮想联翩，终身受益”。并且成为需要，经常反复地读，而且“每次重读都有新鲜感”[①]。他第一部出现高密东北乡地理标志的小说是《秋水》，里面有一个黑衣人，可以明显看到《铸剑》里面黑衣人的影子。他很多作品里面的人物谱系可以上溯到现代文学，实际上都是对鲁迅的一种改写，比如《丰乳肥臀》里面的上官鲁氏，实际上就是《女娲》主题意义的链接、结构调整和变异，所以说鲁迅对中国现代汉语写作的开创作用功不可没。

我们现在经常讨论中国现代文化的转型，“转型”这个词非常重要，这意味着它不是断裂。我们提到萧红的时候不能不提的是，她读书的学校校长孔焕书是孔家的女儿。而且她的大伯父通晓俄文，通俄文不是为了读普希金，是为了跟俄商做生意，而且娶义兴泉孔公之女，是孔家的女婿，并且以之为荣耀，写进了家谱。萧红父亲是新党乡绅，秘密加入国民党，二十世纪二三十年代东北的新党乡绅通常是穿西装、光头。她的家族谱系就最直接地体现着文化史的转型，是在没落中及早赶上了近现代文化变革、经济转型列车的中兴一族。萧红比她的父辈更加激进，接受的都是最前卫的思想，包括政治思想、社会思想和艺术思想。她也可以接触到欧洲古代的思想，因为哈尔滨是个五方杂处的国际化大都会，当时有四十多个国家和地区在那里设立使馆和商务机构，还有大批的白俄逃亡资本注入进来，最有名的一条街就是中国大街（现在的中央大街），是修建哈尔滨的民工从松花江搬运货物踩出来的道路，后来被一个犹太人买下修建、招商引资，成为繁华的现代商业街。再比如马迭尔旅馆，是英文现代modern的音转，典型的巴洛克建筑。所以哈尔滨是一个五方杂处、八面来风的国际化大都会。萧红有机会接触各种各样的文化思潮，但她选择认同的是最激进的左翼思潮，就是社会主义，抵触资本主义和商业文明，这

① 莫言．读鲁迅杂感［A］．莫言．会唱歌的墙［M］．北京：作家出版社，2012：120。

跟她的祖父从小给她以古诗文形式培养出来的民本思想有关，体现着社会思想的转型。美术上她接受的是左翼的美术，先锋的美术，表现主义、感觉主义的。文学也是一样，五四新文化的新体文学之外，还有域外的左翼文学，包括美国作家辛克莱的《石炭王》等翻译文学。另外还有地缘的因素，哈尔滨离苏俄非常近，中东铁路使交通运输便利，各种新的文化艺术学术思潮可以由各种出版物迅速传入。电影院也很多，许多回忆文章提到，萧红和她的朋友们经常一起去看电影，当时东北民众称电影为影戏。最重要的是凯绥·科勒惠支版画对《生死场》的内容主题的深刻影响，我在另一篇文章有过比较详尽的分析[①]。萧红和萧军同居之后出入的沙龙牵牛坊，也是左翼文人聚会的地方，他们以鲁迅为精神旗帜，以牛为象征，几乎整个哈尔滨的顶尖文化人都聚集在那里。

萧红的组诗《春曲》后五首都是写给萧军的。在《春曲》之前萧红主要是写五言古诗，这是最直接的文体转型。而且就恋爱心理学来说，把自己主观的想象投射到对象上去，她根本也不太了解萧军的情况，就说："你美好的处子诗人/来坐在我的身边。"这跟中国古代女性诗歌含蓄、羞怯，以及哀怨的情感基调完全不一样，是萨福情歌的境界。因为她的中学语文老师王荫芬毕业于北京大学，当时周作人在北京大学开希腊文学的课程。此后，她从事的文艺形式基本都是"五四"以后的新文学样式。她还在共产党人金剑啸创办的天马广告社（也是共产党的联络地点）当广告副手，为地下党的刊物《东北民众报》刻钢板、画插图，走上了左翼文化之路。因为她和萧军自费出版的合集《跋涉》（做成了毛边书的样子，这也受鲁迅的影响，他是极其推崇毛边书的），被日伪当局很快查禁了，生命安全受到直接的威胁。日伪当局在武力镇压经济封锁之后，开始了全面的文化控制，萧红和萧军就只有逃亡。

---

① 季红真．鲁迅序言对《生死场》的经典定位之后［J］．中国现代文学研究丛刊，2016（10）。

1934年，他们转道到青岛，她在那里完成了《生死场》，然后在朋友的建议下，把书稿和他们的照片寄给鲁迅，开始和鲁迅通信，向鲁迅讨教革命文艺的方向，希望鲁迅给看看稿子。鲁迅回信说，我没有批评的本领，现在需要的是斗争的文学。他们到青岛是投奔舒群，舒群是共产国际的联络员，因为失去了组织关系而到青岛找以前的老师，接上了组织关系，又与倪姓革命家庭的女儿倪青华结为夫妇。他们在青岛只住了半年，舒群就与倪家兄妹一起被捕，是蒋介石钦定的要犯，送到南京关在陆军监狱。地下党给了他们四十块钱，让他们赶紧离开，他们跟新结识的朋友张梅林一起搭轮船逃往上海。

那时候鲁迅作为革命文学的旗手，他的影响在青年人里面就像核爆炸的扩散一样深远。但是这时候新文化运动已经开始分化了，左翼文学是一股更激进的新潮流，五四新文化精神更多地保留在京派文学阵营中，京派文学实际上是自由主义的传统，年轻的左翼文人多汇集于上海，海派文学更多左翼的传统，到现在也是这样。京派文学其实是两个传统：一个是儒家诗教的传统，现代的转型就是美育的传统，蔡元培主张以美育代宗教是经典的表述；由此派生出第二个传统即美文的传统。萧红当时的创作显然不属于京派的传统，所以他们要向鲁迅讨教革命文学的方向。

到上海以后，他们反复地跟鲁迅通信，才进入了鲁迅的核心圈子，开阔了眼界，认识了史沫特莱、冯雪峰，还有日本的鹿地亘等国际友人，就此进入了一个更为国际化的左翼文化圈子。而且鲁迅给他们推荐稿子，介绍左翼的朋友，使他们逐步敲开了上海文坛之门。《八月的乡村》（1935年3月）和《生死场》（11月）都是自费出版，由于鲁迅序言的大力推荐，还有胡风后记“史诗”的高度赞誉，他们俩立刻就成为引人瞩目的抗日作家，组稿不断。而且萧红近距离接触鲁迅的这段时间（1934至1936年6月，鲁迅是1936年10月去世的），鲁迅还在写《故事新编》，1926年开始写，一共写八篇，1936年完成的。以前有人说鲁迅早期的思想是进化论的，后期是阶级论，这太简单化了，他除了借助进化论来试图改造国民灵魂之外，他还深受刚刚兴盛起来的近代文化人类学的影响，所以《故事新编》里面八篇故事都是中国古代的文化英雄，他实际上是面对空前野蛮的外来暴力威胁，在古代神话的意义空间中表达自己对民族原始善良健康之思想的发现与推崇，完成精神的自我确立。

萧红在1936年旅日期间，就开始构思《呼兰河传》，她给萧军写信说，“我要写一部长的”。回到上海后很快遇到七七事变，又撤到武汉，稍一安定她就开始写了，但一直没写完，一直到香港才赶写连载出来。第一章几乎是电影，大量的空镜头，推拉摇移，夹带着叙事性段落，还有乌鸦的叫声和孩子的歌谣构成的画外音。第二章全部是风俗画，第三、四两章是自叙传的抒情诗，每一节开篇的陈述句都是“我家是荒凉的”，或者“我家的院子是荒凉的”，以复沓的叙事节奏展现童年败落中的家园，这和她熟稔于心的鲁迅《野草》的句式相似。五、六、七是三个短篇，都涉及各种各样的制度（婚姻制度、丧葬制度、大量的仪式性的内容），还有残酷的愚昧信仰和荒诞的巫术淫祭内容，这和在鲁迅身边的熏陶有直接关系。这时候近代文化人类学已经开始兴起普及，进化论由于第一次世界大战对文明的毁灭性破坏，作为一种世界观已经瓦解。文化人类学实际上是比较中性的学科，鲁迅重视的国民性实际上就是文化人类学的一个核心概念，从商贸到传教士的活动，对于各民族文化差异性的发现与重视，逐渐形成田野调查的工作方法。近代文化人类学以马林诺夫斯基1921年发表《西太平洋的航海者》为成熟的标志，这很有意思，十月革命带来世界翻天覆地的大变化的那一年，是他深入西太平洋原始部落考察的时间，而中国共产党成立的年头则是这个学科悄悄登上世界的历史节点。过去的人类学家都是分析别人的二手资料，这时的人类学家必须深入实地亲自调查，所以他们嘲笑老一代人类学家是“坐在安乐椅上的人类学家”，因为他们只是通过分析传教士、商人、殖民地官员的日记与游记一类资料，来建立自己的学说。所以在鲁迅身边，对萧红的影响是非常之深远的。

但是，萧红一直都是想要超越鲁迅的，她对聂绀弩说，“我至少要在长度上超过他”[①]，其中有影响的焦虑，也有性别等其他的因素。她说鲁迅是居高临下地悲悯他的人物，她说我不是的，一开始我也悲悯，但写着写着我觉得我不配悲悯他们，倒是他们更应该悲悯我才对——这跟张爱玲是一样的，把自己放得很低，张爱玲就不愿意让别人觉得自己是知识者，她愿意跟最普通的市民混在一起，“这一年我是自食其力的小市民”。她这是要把自己和靠遗产为生的遗老家庭区分开来，也要把自己和“学成文武艺，货与帝王家”的士大夫文人区分开来，还要把自己和鲁迅这些自觉承担着启蒙责任的精英知识分子区别开来。所以一直到晚年，她还说“鲁迅把中国人说得那么坏，我在感情上是接受不了的”，因为她在国外待了很多年，她知道外国人比中国人也强不到哪儿去，当然还有文化认同的问题。萧红也是这样的，她说“我的人物比我高”“悲悯只适合居高临下”[②]……但是基本的思想是一脉相承的：鲁迅是要改造国民性，萧红说“作家不是属于某个阶级的，作家是属于人类的。现在或者过去，作家的写作的出发点是对着人类的愚昧”[③]。在当时的历史情境中，最大的愚昧就是法西斯的战争，鲁迅那个时期有战争风云，但是还没那么迫在眉睫地全面爆发，所以他启蒙，希望救国图存。启蒙与救亡两个概念不是并列的关系，而是递进的关系，启蒙的目的是救亡。

很多人奇怪为什么鲁迅对“二萧”这么好，首先是因为鲁迅一直关注东北的情况，九一八事变之后，关里的人对东北的实际情况了解不多。当时的汉奸又宣传说“不要上共产党的当，不要被东北人利

① 聂绀弩．回忆我和萧红的一次谈话［A］．聂绀弩．高山仰止［M］．北京：人民文学出版社，1984：100～106。

② 聂绀弩．回忆我和萧红的一次谈话［A］．聂绀弩．高山仰止［M］．北京：人民文学出版社，1984：100～106。

③ 1938年4月29日，萧红出席由胡风召集的“现时文艺活动与《七月》文艺座谈会”，会上萧红直率地表达了自己的创作观。

用，不要当十九路军第二”，他们的逻辑是东北的事情是东北人的事情，和关里人无关。这跟历史沿革有关系，它作为清代的特区，不光是关山阻隔的问题，关内与关外属于两种文化形态与两种行政体系。但是鲁迅不是这样认为，鲁迅在给《八月的乡村》写的序言里面说，这是“中国的一份与全部，现在与未来，生路与死路”[①]。他认为东北是中国的一部分，二萧的小说表现了东北人民面对日本军阀暴力入侵的最初反抗，主题是健康的，就是表达了不甘当亡国奴的民族精神。胡风也是这样，所以认为萧红写出了“野生的奋起”。《八月的乡村》和《生死场》出版于1935年，距离九一八事变的1931年只隔了三四年，关于东北事变的事情，很多人都不了解，不了解原委，也不知道后来的状况，这两部著作提供了最直接最感性的信息，所以首先是历史的文本，萧军和萧红的文学史地位也是这样被确立的。所以，萧红文学史地位的确立，鲁迅功不可没。如果没有鲁迅搭自己的稿子，大力推荐他们的作品，帮助他们打开上海文坛之门，他们不会那么快被认可。一到上海，鲁迅就给他们介绍叶紫、茅盾、胡风、聂绀弩等朋友，使他们很快适应了上海的生活。在审查通不过，辗转多家出版机构都发表不了的情况下，他们决定自费出版，以“奴隶社”为名征求鲁迅的意见，鲁迅说，这很好，奴隶比奴才好，奴隶是要反抗的[②]。

鲁迅在精神、物质和社会关系方面全力支持他们，萧军对鲁迅的感情就是对父亲的感情。萧军一辈子没哭过，鲁迅死的时候，据海婴回忆，这大汉一头闯进来，跪那儿抱着他父亲的腿号啕大哭[③]。萧红也是，她一生就是靠三个老人维系了精神家园：童年的祖父，中年的鲁迅，晚年的柳亚子，晚年在香港，柳亚子给她介绍延请名医，筹划

---

① 鲁迅．田军作《八月的乡村》序［A］．鲁迅．鲁迅全集（第6卷）［M］．北京：人民文学出版社，2005：296。

② 萧耘．鲁迅与奴隶社［J］．文艺百家，1979（1）。

③ 萧军．萧红书简辑存注释录［M］．哈尔滨：黑龙江人民出版社，1980：80。

医疗费用，馈赠美金[①]……一直到他的后人把萧红介绍给西方的读者，著名的美国汉学家葛浩文先生就是在柳亚子儿子柳无忌开设的传记文学课程上，第一次读到了《呼兰河传》，选萧红为博士论文，开始了一生对中国新文学的翻译研究[②]。

萧红的文学成就在许多方面确实是鲁迅所无法涉足的，比如生殖的叙事、女性的生命体验等等。萧红一生写过六个人、七起生殖事件，这七起生殖事件基本上覆盖了女性生殖的全部可能。《王阿嫂的死》是母子双亡；《生死场》里的三起，分别是金枝因为丈夫不节制早产，险些把命丢了；五姑姑的姐姐是难产，生下一个死婴；只有麻面婆是正常生产，她本来是愚笨的乡村妇女，以逆来顺受忍气吞声体现传统妇道，只有生孩子的时候可以冲破儒家男尊女卑的文化规范，骂天骂地，骂她丈夫，发泄不能够节制生育的苦恼。萧红写作的时候是1934年，计划生育的理念是1926年美国一个叫辛格的三十七岁的女护士提出来的，她还办了一个帮助女人避孕的诊所，受到天主教会的极大压力。所以，萧红作品中的生殖主题是很前卫的，体现着新兴的节育理念。生殖的主题在19世纪以前，是被各种叙事遮蔽的隐秘领域，是人类的集体创伤记忆。19世纪之后才成为文学可以触及的领域，但在男作家笔下的生殖叙事是受到性别限制的，从古至今男人都不许进产房，男作家不可能亲自看见女性生产的状况，都是以倾听的方式来表现女性生产的苦难，只有流浪汉小说和知青小说中出现不期而遇的写实场面。在她之后，生殖主题的写作只有莫言在数量上超过了萧红，他笔下公开的生殖有三十多起，隐秘的生殖加上人兽交合的神话，大致不下五六十起，是人类有史以来叙述生殖最多的作家。但也没有超过萧红表现的领域，在意义的范畴中他是无法超过萧红的，他没生过孩子，他没有实际的体验，也没有源自本能的强烈的欲望投

---

① 曹革成．我的婶婶萧红［M］．长春：时代文艺出版社，2005：197～199。

② 柳无忌．柳无忌序《漫谈中国新文学》［A］．［美］葛浩文．论中国文学［M］．闫怡恂，译．北京：现代出版社，2014：240。

射。但是萧红一开始写作就经历了生产的磨难，还有无奈舍弃亲子的母性大悲，她的生殖叙事既有大胆严谨的写实，也有总体的象征，有夸张的表现，也有巨大的悲悯，还有刻骨的体验与强烈的欲望投射。她深受西方前卫美术的影响，《生死场》里三个女人生孩子的场面之间没有情节的关联，就像三个画面一样，所以震撼人心之处不在于它的逻辑力量，而在于它的画面感。莫言最多就是象征，他更多的是历史叙事的表意策略，他笔下的生殖都是和灾难联系在一起的，而且充满了人与动物之间交合想象的神话性质，表达对动物对自然无法救赎的忏悔，这是他吻合了人类文化精神发展的新知识谱系，回应全球人类对现代性的反思。萧红笔下的生殖建立在生物学基础上，就是人作为一个物种，和动物之间不可区分的共性。比如她写人和动物都忙着生，很幽默的，而她所谓“女人的天空是低矮的，身上的累赘又是很沉重的”[①]，首先就是指女性在人类生殖繁衍中所承担的不可替代的角色，所以她是有史以来人类最伟大的咏叹生殖的悲情诗人。莫言则是以生态学和遗传学为知识谱系，借助生殖的故事启示人类的危机与希望。鲁迅也写过生殖，只是在杂文里议论生殖主题，这是晚清开始所有维新知识者都要触及的话题，但是他小说里没有写实的内容。《女娲》以弗洛伊德主义的观点重新阐释女娲抟土造人的神话，表现的是生命力的发动、创造与平息的过程；而《丰乳肥臀》里的上官鲁氏不是由于生命创造的需要，而是为夫家延续香火的文化功能，女娲所代表的大女神的文化信仰，已经被打压到父权制社会生育奴隶的牢狱里。萧红与莫言都是立足自己时代的知识谱系与人文立场，对鲁迅非常自觉地继承和有意识地改写，所以鲁迅对中国现当代文学的影响并没有中断，基本的语义链条仍然在延续中。而萧红主要是以20世纪初的生物学为知识背景，从女性的立场出发回应节育的前卫理念，而莫言除了生物学的一般知识和遗传学与生态学的新理念之外，还面对着

① 聂绀弩．回忆我和萧红的一次谈话［A］．聂绀弩．高山仰止［M］．北京：人民文学出版社，1984：105。

计划生育成为国策之后的新问题，借助中国古代生命伦理的知识和信仰。

具体到萧红的创作上，我们明显地看到鲁迅对她的影响和她超越鲁迅的努力。有研究者认为《金锁记》是模仿《狂人日记》的，张爱玲填补了鲁迅女性生存的盲点，成为台湾女性文学的祖师奶奶。持这一观点的学人要下力气考证，张爱玲是不是看过鲁迅的书，但这个问题对于萧红来说是毫无疑问的。她就在鲁迅身边活动，鲁迅对她的影响是非常直接的，祖父一样的关怀和提携，另外她对鲁迅的感情也带有对她祖父的那一种依恋，就是温暖与爱的象征。政治思想、社会理想等方面的启蒙，她通过家庭和学校，在接触鲁迅著作之前就基本完成了，而鲁迅从一开始就是她文学的启蒙者，又是她走上文坛的推手，作为汉语写作的成功范例，他对萧红的影响是独一无二的，特别是诗文传统中的家国情怀，鲁迅的不少小说都是有着杜甫式沉郁顿挫的诗性风格。还有汉语音韵节奏的形式，是萧红文学抒情性的直接模本，比如，她早年就谙熟于心的《野草》句式，“……一株是枣树，还有一株也是枣树”，置换在《呼兰河传》的第三、四章，每一节的开篇都是“我家是荒凉的”，或者“我家的院子是荒凉的”，复沓的节奏容纳着悲凉的情感旋律，统领着对衰败景物与绝望人世的描写叙述。学界有一种说法，认为中国现代文学三十年，小说艺术成就最高的是“三城”——沈从文的《边城》、萧红的《呼兰河传》和师陀的《果园城记》，这三部作品都是将诗文传统融入小说的抒情文本，而且是以被现代文明冲击到边缘的古城为载体表现衰败的主题。但那两城都没有具体的名字，而呼兰确有其城，而且是黑龙江最早的五城之一，这部作品还有方志的文体特征。

萧红始终和鲁迅保持着心理的距离，除了地域、历史情境、性别与经历的差异之外，还和泛文本的艺术传承有关系。萧红终生的梦想是当画家，巴黎是她向往的艺术之都，这和她早年在五方杂处的国际化大都会哈尔滨的阅历有关，那正是她艺术观形成的时期，俄罗斯巡回画展派的景物与叙事性、先锋美术以身体为中心的表现手法是重要源头，她当过广告副手，画过漫画与杂志的刊头画，设计过封面。和张爱玲一样，电影更是她重要的艺术营养，也曾跃跃欲试参与电影的创作，虽然没有成功，但蒙太奇的手法是她得心应手的叙事技巧。鲁迅的美术兴趣是民间古代绣像小说的插图、社戏的人物造型、汉画像石、日本浮世绘和欧洲古典时期的绘画等等，而且主要是以鉴赏、设计、收藏和推广为主，文学创作中直接的借鉴并不多，他的文字中几乎没有风景，更多借重中国传统戏剧简约象征的表现手法。他对电影则是排斥的，虽然他极喜欢看电影，但主要是消遣，欣赏的是纪录片。只有对凯绥·科勒惠支的推崇是他们两个人美术兴趣的交集，但鲁迅看重的是她的人格、内容与版画的形式；而萧红几乎把科勒惠支版画的许多主题和内容内化在自己的作品中。除此之外，鲁迅对话剧一类外来艺术样式似乎不大关注，而萧红参与的新艺术领域极其广泛，除文学的各领域之外，还参与过话剧演出与编剧、哑剧编剧、诗朗诵等等。这些泛文本的背景与艺术实践领域的差异，也是她和鲁迅之间重要的艺术心理的隔离带，所以才有超越鲁迅的抱负。她临终之前还对骆宾基说，艺术上就没有什么高峰，有出息的作家应该走自己的路，再次重申自己的小说学理念："有各式各样的作家，就有各式各样的小说……"[①]

最后一个问题，萧红和鲁迅之间的关系。现在关于这个问题的花边比较多，是从20世纪30年代流传下来的，我个人考证的结果是没有事。第一是鲁迅身体不行，他病得很严重，体重已降到了七十多斤。第二，萧红最大的问题是不谙世故，当时只有二十多岁，主观性强，她在鲁迅那儿找的始终是童年和祖父在一起的感觉，所以她写回忆鲁迅的文章最后结尾的时候是："天将发白时，鲁迅先生就像他平时一样，工作完了，他休息了。"还回忆说"鲁迅先生坐在那儿和一

① 刘慧欣．老作家骆宾基［J］．西湖，1982（8）。

个乡下的安静老人一样”[1]，就完全是对隔代人的一种描述，好像她回忆童年时坐在火炉边，爷爷摸着她的脑袋说“长大就好了”，那种感觉是一样的，而鲁迅也自陈自己对青年的态度是母性的[2]。还有南北文化与风俗的差异，萧红是东北人，因为东北气候寒冷，人都特喜欢扎堆子，尤其是冬天“猫”一冬，大伙儿都坐到热炕头上，男男女女的没觉得是个事，包括唱二人转田头地角的，都是这样。但是南方天热，人和人之间就不能那么亲密接触；还有农时的问题，南方一年种两季、种三季，农闲的时候少，不可能整天闲待在一起，就是节日的时候聚一聚，加上儒学的深厚影响，男女大防的观念也比较深。封禁了二百年的东北地区是不开考棚的，儒学的影响相对薄弱，加上地广人稀，渔猎与游牧民族对于人口繁衍特别重视，几乎没有贞节牌坊。萧红的不谙世故，引得许广平兹有烦言也在情理之中。还有相同的身体病况，鲁迅是肺病，萧红一生患过多种疾病，在香港的时候检查出肺结核，潜伏期很可能开始于上海或更早，很多人都观察到她重庆时期显出肺病的特征，很年轻就驼背，有气无力的，脸色蜡黄。有搞医学的人从病理学的角度解释，所有肺病患者对情感的要求都是特别强烈的，典型的就是林黛玉。萧红小说里写了两个因为婚姻不幸的情感问题陷入精神苦闷，最后得肺病而死的人物，一个就是《小城三月》里的翠姨，还有一个就是《叶子》里的莺哥（莺哥和《呼兰河传》里的兰哥参考的应该是同一个人物原型，当为她初恋的对象），用苏珊·桑塔格的话来说就是“心灵背叛了肉体”，他们被新文化精神启蒙了，不想再重复祖辈设定的人生轨迹，渴望新的生活而又受到现实的阻遏，于是就抑郁成疾，得肺病而死。萧红是在香港玛丽医院接受治疗的，最后在养和医院诊断肺部病灶已经钙化。那个时代肺结核几乎是绝症，如果没有青霉素，得了肺病跟宣判死刑差不多，这也是他

① 萧红．回忆鲁迅先生［A］．萧红．萧红全集（第2卷）［M］．哈尔滨：黑龙江大学出版社，2011：151。

② 萧军．萧红书简辑存注释录［M］．哈尔滨：黑龙江人民出版社，1980：148。

们可能发生一些微小越轨举动的原因。

他们之间的关系，除了隔代的情感依恋之外，还有身世相似的同病相怜：都是官宦人家出身，鲁迅是十三岁的时候家庭变故遭受命运的诅咒，由大家公子变成被人歧视、奚落的“贱民”，他实际上是清代的“黑五类”，他爷爷卷入科场受贿案；他回家是为了卖掉祖屋，接母亲出来，按照封建伦理观念，身为长子守不住家产就是不肖。萧红则是生下来就承袭着原罪，自先秦的时候开始，就有恶月恶日出生的孩子男杀父女杀母的说法，端午节是阳数五的叠加，阳上加阳有违阴阳平衡的文化理念，所以是恶日，也是祭日，呼兰民间信奉祭日出生的孩子不祥。她母亲一直不喜欢她，打她，不让她上学，逼着她在家抱孩子干活，家里对外把她的生日推后一天，三岁就订入鬼神忌惮的军门。他们都承受着包办婚姻的痛苦，萧红为求学和家里吵闹，出走北平，未婚先孕，前后与两个男人同居，按照那时候的乡俗，就是男子也要受活埋的处罚，何况她的娘家和婆家都在败落中，很容易归罪于她不祥的宿命原罪。只有祖父对她好，这就是她对祖父那么依恋的原因。中国有四大鬼节：清明、端午、中元节（七月十五）和下元节（十月十五）。清明和十月十五这两天是家祭，十月十五送寒衣，清明是给祖先上供；端午和七月十五是公祭，关于端午节的祭祀有很多说法，1949年以后官方统一确认祭祀屈原，还有一种说法是祭祀为寻父投江的曹娥，所以在有些地方端午节也叫“女儿节”。萧红生在端午节，所以在《生死场》中专门辟一节叫“罪恶的五月节”，五月节就是端午节。她叙述了两桩杀子的故事，其中之一是小金枝因为家道败落，还没满月就被暴怒中的父亲给摔死了。这就是一种明显的强迫症，时间标志的精神强迫症，就是她生日的文化禁忌对她的精神强迫。她特别叙述了成业买不起五月节祭神的那些祭品，被他摔死的女儿替代了节日的祭品；题目也特别强调了五月节的伦理性质，发泄对自己一出生就遭遇文化禁忌命运诅咒的愤怒。而且，在《呼兰河传》中叙述七月十五鬼节的时候，又有关于鬼节出生的孩子不祥的大量叙述，这两个节日的文化象征语义有交集，因为都是鬼节，所以由此可以破译出萧红文本的心灵密码。萧红熟读《红楼梦》，自然掌握“将真事隐去”的虚构策略，使内心的悲凉与愤怒一再曲折地抒发出来。鲁迅被国民党浙江省党部通缉，称他为“堕落文人”；萧红被父亲开除族籍，受到乡土社会和家族内部普遍的歧视，现实的压迫也是他们精神特别默契的原因。即使是有点暧昧也属正常，不光是鲁迅，包括胡风在内的很多人都很喜欢她，茅盾他们都叫她“红姑”，因为学生气、孩子气，质朴自然，没有上海滩女孩的扭捏作态。所以，她与萧军情变、与端木蕻良结婚之后，所有人都愤怒至极，包括那些花边很多都是基于各种嫉妒心理，端木蕻良成了众矢之的。这也是个大情种，以真正的处子诗人身份，娶身怀别人孩子的女人，而且在她死后，“苦守寒窑十八年”，背负几十年的恶名始终保持沉默，是很有胸怀和气度的。而且，他是满族正白旗人，虽然是汉军旗人，但是母亲为满族，还有一个当萨满的舅舅；而目前披露出来的资料，在人间蒸发了八十多年的萧红未婚夫汪恩甲旧影浮现，乃金代皇族完颜阿骨打直系、金兀术的后人，清代也属太后统领的正白旗，属于贵族里的贵族上三旗。这是否也是萧红情感的宿命？清代皇帝中很有几位大情种。汪恩甲水灾之后逃脱家人的禁锢，跑到旅馆去找萧红已经人去楼空，虽然后来娶妻生子，但以萧红的原名张廼莹的廼字为族亲女孩儿起名，可见对萧红的真情难忘，而萧红的遗嘱中也有找回她和汪恩甲的孩子。端木蕻良20世纪80年代接受葛浩文采访的时候，提到萧红之死时痛哭失声，一生保留了萧红赠予他的红豆，他在萧红去世之后剪下的一缕青丝，成为呼兰萧红墓中唯一承载她生命信息的物件……总之，这就是张爱玲所说，连执子之手与子偕老都是一首悲哀的诗，好像你自己做得了主似的。

最重要的是灵魂的相守与艺术精神的默契，这是人类可以超越年龄与性别、更永恒的心灵纽带。鲁迅说要改造国民性，萧红说要“对着人类的愚昧”。她到日本以后，给她弟弟写信，说日本比中国还病态，在她看来资本主义也是反人道的愚昧，那种剥削、那种残酷、那种机器一样的生产方式和对自然的野蛮掠夺，她从心里是抵触的。她在东京看到污水河上漂着的破船，里面坐着衣衫褴褛的女人和孩子的时候，写信给萧军说，“估计巴黎大概也有这样的污水河”[①]。对新兴资本主义野蛮的原始积累的愤怒，是她观察现代文明的一个重要角度。后来我到日本还专门找到了这条河（日本朋友说大致就是当年萧红说的那条河），清水碧波，已经治理得很好了；河上有一座桥，叫俎桥，所以我觉得萧红是真正理解鲁迅文学精神的。

另外一个因素，就是对于汉语写作的宗教式的献身精神，她和鲁迅一样，都几乎是以血写的文字投身民族解放与文化再造的伟大事业。她在颠沛流离之中写下了近百万字的作品，单就小说来说，每一篇都是一个独特的艺术生命，不重复，人物不重复，故事不重复，叙事方式不重复，但整体的风格又极其完整。把她所有作品故事发生的时间顺序排列，就是一部东北的近代史（单就已经完成的部分而言），这是对司马迁开创的史传文学传统成功的创造性发展，这是她和鲁迅相同的地方，对汉语写作现代化的转型做出了非常大的贡献。鲁迅生前就想写一部杨贵妃的历史小说，没写成，但是他的《故事新编》基本上就是对古代神话的改写，但这些神话不是连续性的，八个单篇故事构成主题相近的合集。而萧红对东北近代所有重大的历史事件，都以器物的方式做了标记，用地方的小历史丰富了国族的大历史，这是萧红特殊的艺术贡献。另外从文体上来说，她更多地继承的诗文传统主要是哀祭文的传统，自祭和他祭融合，主题变了，内容变了，语言形式变了，但哀祭的功能没有变。还有就是语言的转型，她一生学过四种外语，英文、俄文、世界语和日语，形成了多维的艺术参照，启发了她对汉语独特的领悟。比如她不用复合的色彩概念，她系统地学过美术，而且是画洋画的，但是她写作时候就借助口语，突

---

① 萧军．萧红书简辑存注释录［M］．哈尔滨：黑龙江人民出版社，1980：12。

出汉语的表现力。这和张爱玲一样，语言的高度自觉首先表现在对民族语言的自觉运用。比如张爱玲说自己参差比较的文学理念像“葱绿配着桃红”；萧红说，那个南方姑娘很美，“只是那件葡萄紫……的袍子不美”，葡萄外面有一层白霜，不是水晶石透亮的紫，应该是灰紫色，她不说灰紫色，她说葡萄紫，就突出了汉语的表现力，在提示一种色彩的同时，也带出了自然物鲜嫩水灵的生命质感。因为整个西洋美术色彩概念的体系是建立在实验的基础上，根据光学的原理，所有颜色可以还原为三原色，因此有大色、中间色、主色、过渡色这样的区别，而且任何微小的色差都可以通过光谱仪测试出来。中国人的命名方式是远取诸物近取诸身，每一种色彩都有专有的名词，而且限定色彩的定语都是自然物。就是说，它在指涉一种颜色的时候同时也带出了具体的物质状态，因此和用光谱测出来的抽象概念相比，表现力要丰富得多。萧红在文学语言上也完成了成功的转型，而且是以民族文化为本位。直到现在，很多研究者都不屑于去考察“水下的冰山”，因为萧红的文字之美已经使人们非常陶醉了。早期她受西方先锋美术的影响明显，后期的《呼兰河传》，表现出更多中国古典诗词的影响，很多主题实际上是唐诗宋词里面主题的变奏——“人生何如?”一组描述性的陈述句之后，又是一个设问句：“人生为什么这样的悲凉。”但她用的是句号，用设问的句式来回答问题——人生就是这样的悲凉。由于萧红对于汉语写作现代转型的杰出贡献，我才敢于把她定位为“悲情诗人”“溃败历史中的女祭司”。

附录三

鲁迅序言对《生死场》的经典定位之后

1935年，鲁迅为《八月的乡村》与《生死场》所作序言，无疑至今仍然是对这两部作品最为言简意赅的经典评论。在经典的辉煌光影之下，我们是否还有可为？本文重点讨论《生死场》的序言解读问题。希望能在与历史文献的互证与文本的互读中，开拓一下理解和阐释的空间。

一

鲁迅为《八月的乡村》与《生死场》所作序言，无疑是最早也是经典的评价，奠定了二萧在文学史上抗日作家的初始地位。尽管当时他并没有用这个词语，而是用了一个更宽泛的概念——“关于东三省被占的事情的小说”①。在二萧之前，已经有李辉英等一批东北作家陆续到上海，而且出版了《万宝山》等几部作品。《八月的乡村》与《生死场》都出版在1935年，早于全民抗战的1937年卢沟桥事变两年，因此，东北的抗战文学（包括沦陷区文学）就是全民抗战的先声，这与历史的进程几乎是同步的。两部作品都因此受到“史诗”的赞誉，究其缘由是正面或者侧面地表现了“九一八”之后的各种形式的武装抗日。比较而言，萧军是正面叙述有组织的游击队，而萧红则

① 鲁迅．田军作《八月乡村》序［A］．鲁迅．鲁迅全集（第6卷）［M］．北京：人民文学出版社，2005：296。

更多地表现“野生的奋起”[①]。

这一基本的定位，为他们打开了踏着政治史的刻度进入文学史的时间之门，也因此而为后来的研究者因袭或者质疑。毋庸置疑，在这篇短序中，对民族危亡的忧患贯穿始终，几乎每一个段落中都夹带了对时事的评论，关于《生死场》的文字几乎是镶嵌在政论性杂文的空隙之中。这无疑是为《生死场》的阅读开辟了广阔的泛文本背景，也抒发了整个民族的历史情绪。不仅是鲁迅，包括郁达夫等现代作家在内，这个时期的文章都不同程度地弥漫着这种危机意识。鲁迅一开篇就是以对“一·二八”淞沪抗战的联想，六个自然段中有五段都与山雨欲来风满楼的亡国灭种的巨大忧患有关。其中的第三、四两段简要交代了出版的曲折过程，夹在对官方审查制度的无奈牢骚中，这就凸显了诞生于时代风雨中的《生死场》独一无二的历史价值，它首先是一个历史的文本。

第二段是点题之语，“生的坚强与死的挣扎”无疑是最基本的主题提炼，与结尾处“精神是健全的……”相呼应，重申了他一贯的文学主张。早在1934年，回答在青岛的二萧请教革命文学方向的问询，他回复的信中就明确表达：“现在需要的是斗争的文学。”[②]同时，也把《生死场》的主题从具体的国族文学中提炼出来，也突破了左翼的话语体系，升华为人类共同的永恒的文学主题。这一评价适宜所有的左翼文学作品，也是萧红最早被文学史分类的依据。而胡风的读后记中则是以社会学分类的“农民文学”加以归纳，后者的定位无疑是她为左翼阵营接纳而又最终被排斥的缘由，也是她被文学史家划入乡土文学的最初起点。鲁迅特别强调《生死场》“女性作家细致的观察与越轨的笔致”，带来的特殊美学效果“明丽与新鲜”。这几乎是此后所有对于萧红作品风格描述的模板，直至二十世纪八九十年代女性文学研

① 胡风．读后记［A］．萧红．萧红全集（第1卷）［M］．哈尔滨：黑龙江大学出版社，2011：133。

② 萧军．鲁迅给萧军萧红信简注释录［M］．哈尔滨：黑龙江人民出版社，1981：2。

究的兴起，才超越了这个界限，但也只是更侧重“越轨的笔致”一语，将鲁迅笼统指称的“北方人民”一分为二，更多凝视萧红笔下乡土女性的生存状态。而胡风强调了阶级、种族之后，仍然是以宏大历史主题的需要出发，称赞萧红“女性的纤细的感觉与非女性的豪迈的胸襟”，大量的女性生存景观被忽略，笼而统之地纳入“蚁子一样的愚夫愚妇们”“糊里糊涂的生殖，乱七八糟的死亡”中。

鲁迅的序言实在像一个大动机包，此后所有的话语体系对《生死场》及萧红文学的阐释，都只是角度的调整，侧重点的不同，论点几乎都可以追溯到这最初的阅读发现。无论强调斗争的民族国家的话语体系，左翼文学关怀民众的宗旨，以及推向极端的阶级论思维方式，女性主义的话语体系，都只是在细读的基础上，对鲁迅序言基本阐释动机的展开。鲁迅的序言是里程碑，在它巨大的影响之下，我们是否还有可为?

二

首先，我们实际上对鲁迅为《生死场》所作序言解读得并不深入，更多的印象来自陈陈相因的泛泛之谈。鲁迅对《生死场》的独特评价，主要集中于第二段的第二句话：

> 这自然还不过是略图，叙事和写景胜于人物的描写，然而北方人民的对于生的坚强，对于死的挣扎，却往往已经力透纸背，女性作家的细致观察和越轨的笔致，又增加了不少明丽和新鲜。

前两个句子有保留地说出了萧红的艺术特征，和胡风“散漫的素描”的批评一致，体现了左翼文学界奉行的现实主义美学圭臬的叙事原则，对《生死场》艺术探索的质疑。一直到1938年，聂绀弩在临汾或者是在西安和萧红的谈话，都重申着这一观点。在鲁迅的时期，萧红还感动于他的赞誉，鲁迅却告诉她："那序文上有一句'叙事和写景胜于人物的描写'，也并不是好话，也可以解作描写人物并不怎么好。"[①]这和胡风"每一个人物的性格都不凸出，不大普遍，不能够明确的跳跃在读者面前"，属于同一美学范畴中"典型人物中的典型性格"的评价体系。到了西北时期，萧红已经自觉地抵制这一小说学的圭臬，对聂绀弩首次表达了自己对这一现实主义美学原则的反抗，以为"有各式各样的生活，就有各式各样的小说"[②]。但是，鲁迅无疑说出了她的基本艺术特点，就是画面感和色彩感，显示了精深的鉴赏力。

萧红早年生活在五方杂处的国际化大都会哈尔滨，深受20世纪初感觉主义等世界前卫思想和先锋艺术的浸润，一生梦想着到巴黎去学画，加上以镜头为媒介的电影艺术的熏陶，叙事和写景的手法自然别具一格。而早期左翼作家接受的主要是古典现实主义以人物为中心以性格为标志的艺术理念，而且是以社会学、政治学与阶级论为主要的思维表达范式，人和自然的关系很少进入他们的文学主题，萧红的叙事则一开始就建立在人和自然的关系上。左翼文艺思潮的偶像级人物、德国表现主义版画家科勒惠支与她的创作，作为一个重要的泛文本背景，内化在《生死场》的叙事结构中，从内容到形式都影响明显。《生死场》的前半部以抗租为情节的高潮，李青山们聚义的组织叫镰刀会，从反抗开始到失败告终。这和科勒惠支的组画《农民起义》的结构几乎形成对文的关系，连工具都是农具，只是长柄的大刬镰换成了小镰刀；德国石柱圈门的民居，也置换成赵三家的东北乡村农舍。倒反天戈的王婆，除了称谓所联系的古代中国文化中儒家妇道规范之外的女性文化符号之外，另一个重要源头是《农民起义》中第五幅《反抗》中农民起义女首领的形象，而且这个形象取自德国农民

① 萧军．鲁迅给萧军萧红信简注释录［M］．哈尔滨：黑龙江人民出版社，1981：236。

② 聂绀弩．回忆我和萧红的一次谈话［A］．聂绀弩．高山仰止［M］．北京：人民文学出版社，1984：100。

起义的历史人物“黑色安娜”，也是一个农妇。而女人和孩子更是科勒惠支版画反复表现的主题，王婆在《生死场》中前后失去了三个孩子，更是对科勒惠支的经典名画《献祭的母亲》悲痛主题的强化。而且《生死场》里表现的人物大都属于巴赫金所谓“集体的性格”，完全溢出了典型环境中的典型人物的社会学范畴，王婆是富于反抗的女性集体的性格，金枝是命运悲惨的出轨女性的集体性格，麻面婆则是乡村逆来顺受的传统女性的集体性格，三个女性代表了三种文化性格的类型，是超越地域，也超越阶级的。其他诸如李青山是见多识广的民众领袖的集体性格，二里半是保守农民的集体性格，等等。这样自觉的借鉴与表现的需要，自然使《生死场》的人物既带给前辈作家“明丽和新鲜”的审美冲击，又引起他们的犹疑，如聂绀弩转引的时评所谓“面目不清、性格不明”，正是萧红追求的集体性格的美学效果，一如契诃夫笔下大量人物的“没有性格的性格”。鲁迅是极少写景的，胡风是诗人兼理论家。前者虽然有美术的兴趣与修养，但是写作小说的时候，更多是借鉴中国古代戏剧简约象征的表现形式。后者则基本是以主观战斗精神为文学理想，不会深入细致地体会萧红的艺术追求，强化时代需要的主题的同时，也曲解了萧红的作品。萧红一开始就把乡村溃败中租佃关系矛盾的激化置于现代铁血文明入侵的历史情境中，以农耕文化种群人与自然的依存关系为巨大的文化镜像，反衬出在现代铁血的机械文明挤压之下，历史动荡中的生命苦难。在《生死场》中，人有作为自然的奴隶的一面，也有和自然和谐相处的一面，王婆实在是一个乡村里的浪漫主义者，萧红特意表现她看到生机勃勃的夏日景象时由衷的喜悦。而且，金枝对城乡差别的感觉，除了空间景观之外，还有心理的不适：“我看哈尔滨倒不如乡下好，乡下姐妹很和气，你看午间她们笑我拍着掌哩！”田间地头的闲谈，邻里之间的互助，女性聚会的和美气氛，都和混乱、嘈杂、隔绝、冰冷的超自然都市环境，形成鲜明的对比，人与自然的依存关系跃然纸上，原有的苦难主要是文化制度的结果。农人有受“两只脚的暴君”

奴役的时候，也有矛盾缓解的时候，《生死场》的下半部就是表现乡村里雇佣关系的矛盾转变为残酷的民族矛盾。在第十三节《你要死灭吗?》中，赵三回顾抗租的往事，面对王婆的抢白感叹："这下子东家也不东家了！有日本子，东家也不好干什么!"乡村经济的整体崩溃，最直接的原因是日军的入侵，残酷的屠戮导致劳动力锐减，"村子里的寡妇越来越多"，战争带来的混乱扰乱了农时，大片的农田荒芜。

对照胡风的《读后记》，鲁迅的主旨可以看得很清楚。《生死场》原名是富于象征意味的《麦场》，由胡风改为《生死场》，在突出了生与死的永恒人类性主题，强调了民族危亡中确立历史主体的必然趋势的同时，也在行文中，把主题释义范围限定在乡村与底层的体力劳动者。而鲁迅使用的主语则是"北方人民"，这个概念覆盖了城乡，符合《生死场》的文本实际，《生死场》的下半部分中，出现了"女学生"一类非乡村居民与体力劳动者的外来者；而且，作为一个文化地理的概念，北方可以扩大到所有长江以北的中国领土，这和萧红的创作实际也是偶合的。《生死场》的原名《麦场》，即是北方广大麦作地区最寻常的生产空间，其文化象征语义关联着久远阔大的文化时空范围。她流亡在香港时期、以自己处于沦陷区的家事为素材，创作的长达16000字的短篇小说，就是以《北中国》命名，突出了东北地区与人民的国族归属感。而且她写作的年代，整个中国北方已经全部沦陷，灾难还在持续四处扩散，家国情怀不言而喻。鲁迅当时在上海，法西斯的战火是从北向南蔓延，"北方人民"的概念就超出了《生死场》文本的有限表现范围，重申了为《八月的乡村》所作序言中超越文本有限结构的意义提炼："中国的一份与全部、现在与未来、生路与死路。"使这两个作家以这两部作品具有了历史标记的性质，也成为在外来暴力威胁中，一个时代民族求生存、求解放的健全精神的象征性符号。鲁迅阅读这部作品的原稿时，名字还叫《麦场》，改名《生死场》是后事，所以取文化关联域广泛的词语"北方人民"为主语，具有超越文本结构的联想和对历史大势的前瞻性判断。

在行文中，鲁迅分别在第一、第二、第五段中，三次使用了哈尔滨这个地理称谓，就使《生死场》超越了具体的时代，历史时间的刻度上溯到清代的中晚期。最早出现“哈尔滨”一词的历史文献是道光二年（1822年）的黑龙江将军府衙门档案，当时那里已经是一个繁华的市镇。作为一个国际化大都会的兴起，哈尔滨是晚在庚子之乱之后、中东铁路开通之时才形成的。胡风《读后记》中哈尔滨的语用显然是现代大都市的概念，所以说《生死场》的故事，“这只是哈尔滨附近的一个偏僻的村庄”，而且，相较于鲁迅“东三省”的概念，他使用的行政区划概念则是“东四省”，这是晚到1928年张学良易帜，热河独立为省之后才形成的地理称谓，时间形式的当下性更突出，这和他强调觉醒的抗争主题一脉相承。鲁迅在这篇序言中哈尔滨的语用，和覆盖城乡的“北方人民”的概念是统一的，沿用了最古老的地理称谓，因为其古老，时间的上限也就具有了大的历史跨度，他的忧患中也就包括了自清代开始的外侮记忆，其中北部边疆的外患尤其严重。这个词语的运用，体现着鲁迅历史文化的深广眼界与深厚的学术功力，一如他在《估学衡》中嘲笑反对白话文的守旧派之不通：“……在今不云‘宁古之塔’……”[①]作为清政府早期在东北的政治军事中心，在军政合一的管理体制中，宁古塔是东北最高权力机构黑龙江将军府所在地（现黑龙江省宁安市），那里并没有塔，这个词语来自满语的音转。而且，哈尔滨距金代的第一个都城阿克楚勒城（今哈尔滨阿城区）不远，原本是比较开化发达的京畿之地，历来就是中国的领土。鲁迅的语用中，体现着五四时期知识者普遍持有的大历史观的时间形式，超越朝代兴亡的国族观念，而且体现着中华民国五族共荣的理念。如果按照李鸿章的经典论述，则是“三千年来未有之大变局”，是文化史的断代方式。鲁迅短序中哈尔滨的语用，则还包括了革新者们以抗争为主要精神的理想中，应对“奇劫巨变”，寻求改

① 鲁迅．鲁迅全集（第1卷）[M]．北京：人民文学出版社，2005：398。

革、救亡图存的基本历史意图。

两位评家具体概念的选择使用差异，除了审美意识形态的原因之外，还有一个重要的学理根源，是鲁迅读过《跋涉》。二萧到上海之前，在青岛，就把《跋涉》和《麦场》的手稿，以及两个人的合影寄给了鲁迅。[①]《跋涉》中的一些篇什是以城市为环境的，比如《两只青蛙》，涉及青年知识者的反抗与无端被监禁，以及被杀戮的可能。北方人民自然就包括这些日伪奴役下的城市居民。而且，五四时期的“劳工”概念中包括了各行各业的脑力劳动者，这在蔡元培为庆祝一战胜利在中山公园“公理战胜”牌坊前的演讲《劳工神圣》中，表述得很清楚。只是传统的民之排列顺序发生了颠倒，“士农工商”变成了“农工商士”（包括了所有的脑力劳动者）[②]。到20世纪30年代全民抗战的历史语境中，特别是左翼文化思潮的影响下，人民的顺序则排列成“工农兵学商”。鲁迅短序中哈尔滨作为文化地理概念的语用，也就重合了历史与现实的双重指涉范围，历时性与共时性两种时间形式得以整合统一。此外，鲁迅逐字逐句阅读了《麦场》的手稿，还做了一些技术上的修订，他的短序虽然提纲挈领，但却是建立在整体的感觉之中，有着文本细读的基础。

第五句中“力透纸背”一词的语用，最早可以追溯到颜真卿《张长史十二意笔法记》，鲁迅用来形容《生死场》也合乎萧红的文化修为，书法篆刻也是她自小学开始，一生的艺术实践。不仅是课内课外的作业（当时黑龙江的小学语文都是以古文为教材，小学生要以文言作文，用毛笔书写），而且还有她自发的爱好与选择。据她的同学徐薇回忆，初三的时候，她迷上了郑板桥的书法，经常自己琢磨布局。[③]

---

① 萧军．鲁迅给萧军萧红信简注释录［M］．哈尔滨：黑龙江人民出版社，1981：30。

② 陈明远．文化人的经济生活［M］．上海：文汇出版社，2005：8。

③ 李丹，应宋岩．萧红知友忆萧红——访徐薇同志［A］．孙延林，萧红研究（第一辑）［C］．哈尔滨：哈尔滨出版社，1993：38。

而郑板桥乱石铺阶似的不规则字体与错落有致的布局，对她《生死场》叙述结构的故事布局也产生了明显的影响，十七个自然段长短不一、参差不齐，而整体的表意结构又极其完整，叙事从二里半和他的山羊开始，又以二里半和他的山羊结束。此外，对于未完成式的推崇也是那个时代左翼文化的美学潮流，比如，鲁迅对毛边书的偏爱（《跋涉》就做成毛边书的式样），萧军对《生死场》封面设计的建议，都体现这一审美理念。

在鲁迅对《生死场》的评价中，存在着一个悖论，这也是所有的批评家都可能遭遇的尴尬，在内容、主题、风格方面激赏她的才华与成就，而在艺术表现的手法上则有迟疑。这个悖论是理论与创新之间的张力，20世纪80年代的中国小说文体革命就是以萧红对小说学成规的反抗为理论资源；至90年代，《生死场》人与物之间的互喻修辞被研究者关注，因为顺应了生态意识成为前卫艺术的标本，也成为新兴的身体叙事理论的典范之作。这是一个铁律，富于创造性的作家总是给理论提供范例，差的作家则是按照理论编故事。

“女性作者的细致的观察和越轨的笔致”，是萧红最为突出的，也是最为人乐道的特征。画家的眼睛自然善于捕捉景物细节和人物的神态，这是顺理成章的事情。而“女性越轨的笔致”在《生死场》中最集中地体现在性的描写、生殖的场面，还有女性的生活与话语空间中近于暴露式的描画。在中外文学艺术中，至今仍然是空前绝后的。金枝从被引诱盲目受孕，家破人亡之后，躲过日军的骚扰，却被一个中国男人强暴。这个情节也可以追溯到科勒惠支版画《农民起义》的第二幅《凌辱》，一个农妇被反剪着双手仰卧在田野里。科勒惠支以一朵野花含蓄地表现这个主题，而萧红则以准确生动细致的笔触叙写了曲折的过程，加以着重的表现。在改写中引申的思想变异，是性别的问题与文化的差异，显然超越了科勒惠支的阶级论范畴，带有更多人类学的普遍性。至于生殖的主题，则是连科勒惠支也不曾涉及的女性生命的隐秘领域，而且一开始就成为她写作的一个母题，反复出现贯穿始终，第一篇小说《王阿嫂的死》就是叙述一个孕妇被地主踢了一脚之后，早产而死于农田，婴儿也相隔五分钟死去。至《生死场》已经登峰造极，而场景的连缀与修辞的主观幽默，都使她的生殖叙事在人与动植物的生命互喻中，表达了人类不能彻底脱离动物界的终极宿命，女性在人类种族延续中所承受的原始悲哀，所谓“女性的天空是低矮的”，最集中地体现在生殖的主题中。生物性的物种设定前提，使她最终建立起自己置于宇宙自然系统中的大生命伦理诗学。

所谓明丽是色彩的修辞概念，而新鲜则是从题材到修辞的整体感觉，其中地域性、女性的生命体验与时代的历史内容是主要的因素，而表现主义绘画的技法与顽童式幽默的联想与感觉化修辞等艺术形式的前卫性，则带来审美经验的新鲜感。而最后一句“精神是健全的”，则是激赏《生死场》向死而生的抗争主题，也是胡风所谓“这是用钢戟向晴空一挥似的笔触，发着颤响，飘着光带，在女性作家里面不能不说是创见”。《生死场》在萧红的全部创作中，确实是一部基本摆脱了中国女性诗文的哀怨基调，充斥着愤怒力度的作品。以至于她与萧军情变之后，与《七月》同人交恶疏远，从茅盾到胡风都以《生死场》为标尺，对她后期的创作多有批评，而且是以左翼文学的话语体系为准则。

不得不承认，鲁迅对《生死场》的评价尽管简略，尽管有保留，却准确地说出了萧红创作的基本特征。只是在漫长的历史遮蔽中，不少评家遗忘了原点，也忽略了文本自身的大量细节所蕴含的丰富信息。进入鲁迅的切口，对照文本的结构，搜索泛文本丰富的历史文化蕴藏，是我们理解这篇序言重要文献价值的必经之路。

三

除了深入理解经典文献，我们是否还能发现鲁迅序言框架之外的意义？不妨试一试。

事实上，在《生死场》松散的语言结构中，萧红始终自觉地避免情节“向着中心的发展”，不想让读者得到“紧张的迫力”。华莱士·马丁在《当代叙事学》中，引用J.希尔斯·米勒的话，“我们关于叙事和历史的概念依赖于一整套有关因果性、统一性、起源和终结的共享假定，他们是西方思想所特有的”[①]。《生死场》大的时间框架显然是符合中国近代文化史，特别是东北近代文化史进程的，本事发生的时间和叙事的时间基本吻合。多数人的苦难都是历史的苦难，特别是作为文明主体的男性。老实本分懦弱迷信的二里半在妻儿被杀之后，终于放弃了心爱的山羊，一瘸一拐地走上了敢死的道路；成业是由于畜力运粮的经营方式被风雨无阻的铁路运输挤得破产之后，暴怒之中摔死了自己刚满月的女儿；北村老婆婆是因为独子去敢死牺牲了，没了生计而与三岁的孙女菱花一起上吊自杀……但是，《生死场》的“力透纸背”不是由于因果律的无懈可击，而是由于场面描画的震撼人心，比如，月英的病象、金枝等三个女性的生殖场面等等，很多枝蔓横生的故事与历史的必然性无关。比如，金枝被中国男人强暴，逃进尼姑庵的打算又破碎在尼姑随木匠私奔、尼姑庵关闭的结局中，致使她犹疑于种族立场与性别立场之间、种族话语与宗教话语之间，最终落实到伤心处：“我恨中国人呢？除外我什么也不恨。”性别的话语颠覆了种族的话语，民族国家的主题也受到了质疑。王婆获悉最后的亲生女儿的死讯之后，追问死因，得到的只有“黑胡子”“弄着骗术一般”的闪烁其词：“死了就死了吧！革命就不怕死……”萧红接下来的叙事带有间离效果：“王婆常常听到他们这一类人说‘死’说‘活’……”受到宗教改革领袖路德自由主义思想影响而起义的黑色安娜们，是在路德转向皇室贵族的立场之后惨遭镇压，农民们因此而称他为“骗子博士”。萧红的修辞渗透着跨文化背景中的历史经验，在王婆的困惑中，寄托了对掌握着话语权力者的道义质疑，《生死

① ［美］华莱士·马丁．当代叙事学［M］．伍晓明，译．北京：北京大学出版社，1990：89。

场》民族国家的主题并不那么绝对神圣，民间的立场动摇着精英的立场，牺牲的代价中隐含着对生命的伦理坚守，对生与死的价值和意义的追问是更隐秘的主题。正是这些旁逸而出的情节，颠覆着历史因果的铁律。在萧红的身后，中国人吃尽了“铁的逻辑”的苦头，萧红是一个先行者，她笔下的生命故事超越了历史理性的逻辑，更多的文化心理功能是凭吊历史、超度亡灵。

而且西方思想特有的逻辑因果，也并不是《生死场》推动叙事发展的主要意识形态力量。乡村里的改革家赵三或还可以变得像官吏似的晃着脑袋，逢人便宣传爱国，有明确的民族国家的意识，但是就连他也始终分不清自己的阶级属性，只知道自己是中国人。至于那些参加爱国军的村民，则根本不知道爱国有什么用，他们只是没饭吃。而李青山领导的敢死武装，则是以天命为号召盟誓。就连瘟疫肆虐的时期，村民们都是以天问的方式抗议人世的罪恶。事实上，萧红思想一生都犹疑在阶级、革命、种族、民族国家与性别、亲情、天命、生命伦理之间，也就是处于外来思想与传统文化观念的夹击中，进行着艰难的选择。最终使她理解民族民间善良顽强精神，并且完成自我认同的，是中国古代原始的天命观。1936年旅居日本的时候，她回复萧军节选《生死场》哪段翻译成外文为好的询问，就有盟誓一段[①]，可见主题的重心在民间抗暴的求生挣扎，而不是民族国家的抽象观念。这对启蒙立场也是一种质疑，胡风在《读后记》中对村民们“愚夫愚妇”的指认无疑是违背萧红创作意图的。1940年，萧红在香港写给华岗的信中，发泄对胡风的不满，就有“那就是他不是糊涂人，不是糊涂人说的话，还会是不正确的吗？”[②]表达了对于绝对论思维方式，也就是话语方式的反感。在萧红的文本结构中，民众领袖李青山是在经历不少抗日武装之后，有辨别地投奔革命军，当不少人跟上爱国军走的时候，他不去，因为他知道那是土匪的武装，红胡子尽胡来。萧红

① 萧军. 萧红书简辑存注释录［M］. 哈尔滨：黑龙江人民出版社，1980：96。
② 萧红. 萧红全集（第4卷）［M］. 哈尔滨：黑龙江大学出版社，2011：408。

从向死而生的大生命伦理诗学的角度出发审视各种意识形态，无论是民族国家、左翼思潮、党派政治，还是女权话语，她都保持了审慎的态度，对所有的绝对论思想体系都保持着警惕与心理的疏离，所有掌握着话语权力的人在她的文本结构中都是可怕而且可憎的。

《生死场》以连缀表现力极强的场景，完成叙事的表意策略，无疑顺应着近代前卫艺术对传统叙事模式的革命性质疑与颠覆。华莱士·马丁认为，“19世纪的科学粉碎了人们对于这个故事（指《圣经》在一个统一的神定计划中囊括了全部时间，从开端直到启示录中描写的结局）的确信……根据结尾来解释开头的思维方式一直牢牢存在于我们关于历史、生活和虚构的观念之内”[①]。《生死场》松散的叙事结构的开放性，开辟了艺术表现的新维度，而这个新维度适应了萧红叙述历史的需要。鲁迅在序言中已经注意到了《生死场》的时间跨度：“五年以前”（当为距他写序的1935年11月14日的1931年九一八事变之后），“以及更早的哈尔滨”，则符合萧红以蒙太奇手法剪接出两个时代断面的文本实际。《生死场》分前后两截，中间相隔十年，第十段题目就叫《十年》，简要叙述了恒常的自然景观和长大了的孩子们，只有“没有娘”的童谣，转喻国土沦丧，村民们亡国奴的悲惨处境。前半部的本事应该发生在1920年左右。在第一节《麦场》中，王婆就看见“村前火车经过河桥，看不见火车，听见隆隆的声响。王婆注意着旋上天空的黑烟”。接下来，便是她的家道迅速滑坡，老马被卖进屠场，抗租失败之后，赵三卖掉耕田的青牛，丧失了基本的生产资料，平儿沦为放羊娃，赵三以编鸡笼中兴又因为市场饱和而再次破产。现代性的入侵导致了租佃关系的紧张，乡村传统的自然经济迅速全面垮塌。中东铁路开通是在1901年，《生死场》本事的前因还可以上溯二十年。火车是一个重要的历史标记，也是非线性因果逻辑的叙事中，以村民的眼睛看见的象征性历史，就和逃往城市的金枝最早

① ［美］华莱士·马丁．当代叙事学［M］．伍晓明，译．北京：北京大学出版社，1990：89。

看见高耸的烟囱一样，是文化心理疏离感的表意。而日军对乡村的骚扰，也最直接地凸显为汽车、飞机和飘散的传单，呼应着《传染病》一节，白衣白帽、戴着白囊的外国医生，像修理机器一样的治疗方式和拉进城市的隔离措施，都是现代文明带给乡土民众的惶惑与恐惧。而萧红以“传染病”形容日军入侵之后乡村的混乱与民众的惶惶不可终日，以及思想的混乱，以至于王婆想要“捉住过去那些痛苦的日子”。再痛苦也还是可以过下去的日子，而“王道乐土”中的生存几乎是晨昏颠倒，所有人的日子都没法过了。事实上，这是萧红历史叙事的重要策略，把她所有作品本事发生的年代顺序排列，就是一部东北的近代史，所有重大历史事件几乎都以器物的标记做了提示，主人公也因此成为活的历史标记。萧红这种以地方历史丰富国族历史的艺术贡献，鲁迅在序言中以对哈尔滨语用的一再强调，已经在短小的篇章中保留了开放的阐释空间。因此，这使我们有可能在经典的评价之后，尚可以发现更多的意义。

其他，如基本的文体、修辞的特征、掌握世界的心灵模式、完整而复杂的象征表意系统、情感基调的变化、与中国文学史的血肉联系、终极的主题等等。鲁迅作序的时代，萧红才刚刚登上文坛，只出了一本半书，其他的大量作品尚未出版，或者还没有完成。但是，世界观的构型基本完成，其中的历史观顺应着时代的主潮；艺术观也基本成熟，所有的叙事动机都已经萌芽，此后只是生长和展开的过程。而且，随着读者的认可，她已经成为经典作家。而鲁迅简要而精到的评价，如谶语一样的直觉解读，正需要后人在与历史文献的互证中，借助新的理论与方法，整体地描述她的文学语义系统，进行深入的解读与扩展的释义。事实上，已经有很多人在做这项工作，沿着鲁迅开启的方向，贴着文本的语言结构，深入细致地发掘萧红文学的全部心灵矿藏。

无论我们走多远，都不会遗忘鲁迅序言的启示。

附录四

萧红与电影

电影是所有中国现代女作家写作的重要文化艺术背景，它是和文化改良运动共生的外来艺术样式，也是现代科技与艺术结合的崭新视听艺术，重合于现代女作家们的知识结构。

1905年，第一部中国人拍摄的京剧纪录片《定军山》就诞生在北京丰泰照相馆；同年，清廷下诏废科举“咸趋实学”。早在这个时间点的九年以前，1896年6月，外国电影就出现在上海徐园的“又一村”中，先是在亲朋好友之间放映，然后“又一村”在社会各界的要求下向市民售票公映，电影成为外来艺术最前卫的形式。此后，电影逐渐在各通商口岸城市出现，最早被叫作“影戏”，“电影”一词的命名方式，应起源于对皮影的联想。

早于电影出现的前一年，第一所中国人办的女学就在上海诞生，几乎和电影的出现同步。现代女作家都受惠于女学，她们在五四运动以后转轨的现代教育体制中接受过初等以上的文化教育，其思想的启蒙与知识的转型，必然和电影有着直接与间接的密切联系，但由于其所处地域的人文环境不同，接触的早晚会有差距，这影响到她们的文体风格与艺术表现的手法。

一

萧红出生的1911年，已经是历史的新纪元，她生活的呼兰古城

1900年庚子之乱以后不久，由于中东铁路的开通而迅速被冲击到现代文明的边缘。虽然她的长辈适应了现代文明的转型，家庭具有维新倾向，但是还处于接触现代政治思想和器物的阶段，艺术最多是实用物品的装饰，比如机械钟表的人物与植物造型等。萧红进入现代教育体制之后，在声光电化的课程上或许会获得电影的知识，但没有现场观看的可能，因为呼兰城当时没有电影院，最多也只可能有作为教辅手段的幻灯片。她童年的艺术修养主要是来自母亲的女红绣样、祖父的古诗熏陶、大伯父讲解的古文，还有民间萨满仪式跳大神、民歌、秧歌表演和野台子戏。她接触的外来艺术样式最早的应该是图画和马戏，以及后来的话剧。此外就是家族中在外求学的兄长带回来的外国乐器，这在她的短篇小说《小城三月》中有过记述，但那也已经晚到1927年之后了，当时她已经进入哈尔滨东省特别区区立第一女子中学了。

一直到中学毕业，萧红最迷醉的艺术都是美术，从小立志当画家的梦想在这里有了高师指点、系统学习的条件，看电影则是业余的活动。当时哈尔滨的电影业比较发达，但只限于放映，而且以商业娱乐片为主，目前留存的各种资料中，没有摄制机构的记载。五方杂处的国际化大都会、多种族居民杂居的多元文化构成、地缘与交通运输的便利，使各种电影拷贝可以迅速抵达电影院，所以看电影在哈尔滨市民中是比较普及的娱乐活动。在目前留存的资料中，当时萧红看电影的记录仅有一次，那是在中学毕业前夕，其同学徐淑娟的母亲出资，萧红和回家探亲路过哈市暂住徐家的北大学生李洁吾等，在马迭尔影院看了一部外国电影。据李洁吾回忆，当时两个人只顾谈论北京学界的诸种情况，连电影的情节内容都记不得了。1932年哈尔滨沦陷之后，萧红和萧军同住商市街25号耳房生活，直至1934年6月4日离开，其间都没有看电影的记载，只有为糊口帮朋友画电影广告的失败经历，当时看一场电影所费不赀，以他们贫穷的状况怕是难以承受，她作品中只有对摩登的房东女儿看电影归来兴奋的言语状况的描写。

但据他们早期朋友张陵（虚生）回忆，萧红1937年1月从日本回到上海之后，在哈尔滨时期旧友为她接风的聚餐中，她唱了一支俄语歌曲，是一部俄国电影的插曲，表明她早年在哈尔滨应该有过不少看电影的机会。中学期间，她家世优越，有工资收入的未婚夫有可能在节假日里带她看电影；住商市街时期，她与萧军还一起跟一个出生在哈尔滨的高加索移民之女学俄文；自1932年开始，他们被《国际协报》聘为特约记者，每月每人有二十元哈大洋的薪水，当时三块哈大洋就可以买一袋上好的德国机磨面粉，两个人又都有一些稿费，每千字一元，萧红写作极其勤奋，陆续发了不少文章，经济逐渐宽裕，又有一些收入固定的朋友，无论是出于语言学习还是开阔艺术眼界的需要，他们应该都有以各种方式看电影的机会。由此推测，她在哈尔滨的六七年中，应该看了不少外国电影，其中俄苏电影应该不少。

萧红短暂的三次北京之行有两次看电影的记载，一次是1930年首次到北京，和一群东北籍朋友在西单绒线胡同中天电影院看了一部名为《泣佳期》的电影，引发了她关于爱与死的议论。1937年，最后的北京之行中，她和舒群一起看了嘉宝主演的电影，名目不详①。她1931年春的第二次北京之行，无论是经济的窘迫还是个人情感的纠结，大概都导致她没有看电影的条件。但是她第一次在北京住了半年，一开始的经济情况还可以，朋友又很多，其中不乏收入和家境宽裕的，也应该是看过不止一部电影。萧红在上海期间经济宽裕，朋友很多，又是鲁迅家的常客，周末乘出租车去看电影是鲁迅家族的惯常娱乐，所以，她应该是看过不少电影。在现存留的文字中，他们看过的电影有好莱坞制作的《泰山人猿》《复仇艳遇》《绝岛沉珠记》、苏联电影《夏伯阳》，以及非洲怪兽和苏联红场阅兵式一类的纪录片。在萧军的回忆中，有他和许广平抢着付款买电影票的细节，萧红在日本写给萧军的信中，有多处看电影的记载，当时用的还是“影戏”的

① 赵凤翔. 舒群与萧红［J］. 新文学史料，1980（2）。

称呼。有一次，她看到了电影中的街景是鲁迅家住的北四川路和附近的施高塔路。

1937年9月，在她和萧军离开上海之后的所有相关资料中，都没有看电影的记录，但她驻足过的城市都是现代化的大都市，青岛、武汉、重庆、香港都有大量的电影院，虽然没有文字记载，但应该是有看电影的机会和条件的。从1927年到1937年的十年间，应该是她看电影最密集的时期，这是她艺术观形成与成长的关键时期，对她的创作产生了明显的影响。

二

鲁迅对电影的评价是不高的，但二萧显然不以鲁迅的观念为然，他们很早就想涉足电影的创作，到了上海以后，朋友圈中也不乏电影人，比如在明星电影公司任编辑的姚克。

1936年11月24日，萧红在东京写给萧军的信中，开篇就说："我忽（然）想起来了，姚克不是在电影方面活动吗？那个《弃儿》的脚本，我想一想很够一个影戏的格式，不好再修改和整理一下给他去上演吗？得进一步就进一步，除开文章的领域，再另外抓到一个启发人们灵魂的境界。况且在现时代影戏也是一大部分传达感情的好工具。"据萧军在信后的注释，《弃儿》是他在哈尔滨时期偶然写的一个电影剧本。网上有人说萧红曾经参与过电影创作，她有一篇自传体的散文名字也叫《弃儿》，但那是记叙自己陷身旅馆生产前后的经历。《弃儿》的题意可两解，一是她叙述自己不得已抛弃孩子的悲痛经历，二是指涉自己被娘家和婆家共同抛弃的孤儿处境，两部作品内容风马牛不相及，误读或是由此而来。萧军在注释中说，他也没有接受萧红的建议去找姚克。但可见，她确实是有涉足电影创作的念头，只是天不假年，没有机会实现。

萧军写作《弃儿》或许是为了回应萧红的《弃儿》，以左翼意识形态编码讲述更惨痛的人生悲剧，大约也有与商业娱乐片抗衡的意图。他们为生计多次去接洽应聘为电影院画广告，但都以失败告终，萧军愤怒地说："真他妈的！有什么劲，只为着四十元钱，就去给他们耍宝！画什么广告？什么情火啦，艳史啦，真是无耻和肉麻！"[①]可见对商业电影的梦幻骗术，他们是抵触的，虽然为了生计，他们后来还是去给金剑啸当副手，并且因画作不合要求而被辞退。这件事对萧红刺激很大，先后写了两次，第一次名为"广告副手"，收在她与萧军的合集《跋涉》中，第二次名为"广告员的梦想"，先在1936年3月1日《中学生》第六十三期发表，后又收进《商市街》。相对于迎合人们欲望的香艳故事片，萧军的《弃儿》是一个社会剧的套路，符合电影观众移情的需要。

萧红与萧军获得当广告副手的机会得益于金剑啸，因为他忙不过来而请他们帮忙，可得二分之一的酬劳二十元，萧红后来又在他创办的天马广告社当助手，为他编辑的地下党刊物《东北民众报》刻过钢板。1934年春，他们还计划一起逃出哈尔滨去上海，后因金剑啸妻儿无法安置而作罢，可见他是二萧哈尔滨时期志同道合的密友。金剑啸毕业于上海新华艺术大学（后改为"新华艺专"），读图工系学美术，参加过田汉领导的南国社，在那里当演员，还曾经加入左明等人组织的摩登剧社，与上海演艺界素有来往。这大概也是激发萧军创作电影剧本念头的原因，因为如想要剧本被采纳，在没有拍摄机构的哈尔滨是根本不可能的，当时整个东北都没有故事片电影制造业，满洲映画晚到1937年才正式成立，他的剧本只有由金剑啸推荐给上海的影人朋友才有希望被拍摄。

萧红和萧军1933年11月初到上海以后，很快就与鲁迅联系上了，并迅速进入了左翼文化人圈子，1935年11月初，他们就成为可以随便出入鲁迅家的常客。在20世纪30年代第一个把《打渔杀家》

---

① 萧红．广告员的梦想［A］．萧红．萧红全集（第1卷）［M］．哈尔滨：黑龙江大学出版社，2011：179，文中的郎华就是萧军。

翻译成英文介绍到海外的姚克也是鲁迅信任的人。他用英语翻译了《中国现代小说选》，向世界介绍中国的新文学，在未谋面之前，他的工作就受到鲁迅的激赏。认识之后，姚克还受鲁迅密托，为萧军与萧红的书寻找出版资助，应该是二萧在上海来往的文人中比较可靠的熟人，都是鲁迅圈子中的核心人物。萧军注释萧红的信笺中，仅仅轻描淡写地介绍了一下姚克的身份："姚克那时曾经在上海明星影片公司从事过编剧，好像和欧阳予倩合作过一部片子，名为"人面桃花"还是《桃花扇》记不得了。"这和他注释时的政治气候有关系，1980年，姚克作为著名"卖国主义"电影《清宫秘史》的编剧侨居美国，又有与上官云珠的一段婚姻旧事，加上1979年他著文公开了与江青和姚文元的亲族关系，政治身份尚处于危险的暧昧中，中共中央组织部是1982年3月才为姚克编剧的《清宫秘史》平反，了结了一段公案。出于各种禁忌，萧军淡化与他的交往，并特意强调没有去找过他，也是可以理解的。

我们可以判断的是，萧红涉足电影的愿望没有实现，她最多在哈尔滨时期对萧军剧本《弃儿》的创作参与了意见。但是，萧红对电影的看法显然没有鲁迅那么极端排斥，并且抱着"得进一步就进一步"的进取态度，跃跃欲试。

三

早年看电影的经历无疑对萧红的文学创作产生了明显的影响，和她对绘画的深度研习彼此衔接，渗透到她文学创作的内在机理中。但绘画是静止的，叙事的时空形式局限明显，而文学的叙事则需要频繁的变化，电影时空形式的自由更适应小说叙事的特点，而萧红一开始就受到意识流等感觉主义前卫艺术的熏陶，跳跃性的联想与叙事的松散都是她作品的风格标记。所以，当她以文学写作自立时，电影的表现手法就在她的文本中充分地发挥了叙事和表意的功能。

她的成名作《生死场》就明显运用了蒙太奇的手法。全书共十七个自然段，分前后两部分，由一组人物贯穿，分别是九一八事变前十年的乡村与事变之后的乡村。第十段题目就为《十年》，一百来字就交代了历史时间的断裂和人事的变化，几乎是用几个镜头就剪辑起两个时代一组乡土人物的生命故事：先是远景中恒常的山川和大片的村庄，镜头有俯拍的移动效果；然后是仰拍的中景：阳光下屋顶上繁多的麻雀，伴之以山下牧童唱的画外儿歌，“谁家的孩儿没有娘”的旧调隐喻着恒常的景物已经易主，村民们成了没有祖国的孤儿；然后是一个视听的间隔，用一个陈述句特意提示成年人物的不变与两家主要农户孩子的变化——“都长大了”，类似于儿歌的画外音，最后镜头定格在主人公王婆的特写：“被风吹飞着头发”，而接下来的陈述“在篱墙外远听从山坡传来的童谣”，则把镜头拉回中景，以她谛听的姿势将中景与近景借助画外儿歌连接在一起。这一段文字充分发挥了电影镜头空间调度自由的表现形式，也充分利用了切换的手法，图像与声音、叙事与描绘，都简约而立体地组织在线性的文字中，既表达了乡土村民在自然环境中“生死轮回”的生活常态，也隐晦地点出了沦陷的历史情境，关于王婆和两个孩子的叙事则以对生命周期的聚焦迅速进入故事的叙事，也以微观的方式表现“生死轮回”中的常与变。在战乱中死掉的“罗圈腿”，从始至终几乎没有什么自己的故事，但他在第一节《麦场》戴着草帽一出场，萧红就以近景的俯视角度，在“正午的太阳下”的背景中，用了“像一棵大型的菌类”的比喻，类似于空镜头的表意，使他的存在化入自然景物，前后呼应勾连，从修辞到叙事都提示着他生命的短暂与在战乱中偶然死亡的结局。

而且，电影时空形式的自由也为萧红对宇宙运行的自然时序与卑微生命群体生死循环的主题表达提供了足够的艺术表现手法。这就是《呼兰河传》第一章纪录片式的叙事策略，其仍然以俯视移动的空镜头开始叙事，以北方大地被严寒冻裂了的不规则裂隙极言气候的寒冷与生存状态的严峻，笔锋一转就推向中景，切换出推门进屋的老人，以一个胡子上的冰溜特写，完成一个叙事段落。此后，是一连串语义重叠的严冬清晨街市的景象，进入大车店的马车夫的形状以冻裂的手为特写，卖豆腐小贩盛豆腐的方盘“被冻在地上了”，日出就上市的卖馒头小贩走路由快到慢直至滑倒，以及馒头滚出箱子被路人捡走后无奈的牢骚：“地皮冻裂了，吞了我的馒头”等种种描述，都是对寒冷语义的反复强调。这些音画配合的小叙事，在小狗彻夜的叫声中，以一组空镜头的小画面，以分行的格式简洁地概括了寒冷发展到极端的气象呈现的物质细节：冻裂的水缸、冰封的水井、大雪封门。然后迅速切到远景，重归大地，但已经是大风之后“混沌沌的气象”，白天是快速行走的路人像冒烟一样的哈气，夜半则是打着灯笼的七匹马拉的运粮车队，响着鞭声冲着三星在旷野中成串奔跑，目的地是可以交易到杂货的呼兰城。这一大段由远到近的铺排，借助马车的行迹迅速切入呼兰城最繁华的十字街，语义的连续性则使镜头的切换顺理成章。

接下来的叙事按照方位全面摇移，十字街的传统店铺招牌门面中突兀地夹着画了一排斗大牙齿广告的新式牙医，但女医师为生计而已经兼营收生，可谓新旧杂陈并且融合；对东西两条平行街道的介绍是从主位的东边开始，但一笔带过，几座庙、几家烧饼店和粮栈，都是传统文化的历史标记，突出了现代性的设施——一家火磨（电动面粉厂），夹叙夹议着市民对它的好奇与惊恐，独白变成了众声的杂语，但仍然都是空镜头。直到对两所小学校的介绍都是画外的独白，镜头从外到内再从内到外地来回推拉。镜头迅速切到西二道街之后，仅以设在城隍庙里的清真学校为唯一的地理标识。夹杂着众声杂语的空镜头在夹叙夹议中摇移，展现的是衰败凋敝沉寂萧条的古城旧貌，以及零落夹杂其间的现代产业和教育文化设施。镜头迅速地跳转到东二道街上的大泥坑，在一大段介绍性的文字之后，画外的杂语复现为各色人等，先是陷入泥坑的车马引起围观的群众场面，以及马车夫的身形动作，然后是路人面对大泥坑的反应与改善交通的种种治标不治本的议论，不思改革安于现状是基本的语义。最重要的叙事段落是小学校校长的儿子掉下去被救起来的故事，引发了围观者更嘈杂的喧哗，话题集中在对小学校新式教育知识体系的质疑与抵触上，也浮现出传统文化的知识谱系，集中在天地人鬼神伦理秩序的分歧，而接下来的瘟猪肉则是自欺的戏剧性呈现，各色人等与声音如浮光流影闪过，全都是无名的群众场景，连说真话挨打的孩子也没有称呼。小说第二节才出现了一个有名有姓的人物王寡妇，准确地说是有姓无名加上性别的文化身份称谓，她丧子的悲痛引发的众人的短暂恻隐的骚动很快便平息下去，她疯癫之后在大街或庙台上偶一痛哭也在一片轮回着生老病死的沉寂中被归入所有不幸者的共名“叫花子”。第四节重回无名者的故事，几乎是独白式的叙事，但有蓝、红、黄、白几种大色块背景的衔接，染房里为街上女人打架一死一服刑的两个年轻的学徒、豆腐房里两个打架的伙计误伤驴腿而哭瞎了肇事者母亲的眼睛，纸坊里饿死了一个私生子，相对于第二节在音画中表现小城对不幸者的冷漠，则是进一步突出了少年儿童的处境。在第五节，对比于生的窘困，而深入到为死者服务的扎彩铺内部，详尽描写为阴间复制的纸质物品，而复原的却是地主家的宅院，色彩繁复器物多样秩序井然，镜头如在一个博物馆的展厅里摇动，而且从外到里，无声地逡巡一遍却找不到主人。最后一段的议论则是强化了人们对阴间的想象，表达了民众对死的态度。第五节则是又一个鲜明的对比场景，扎出整饬的五彩宅院的作坊里混乱拥塞，工匠们简陋粗糙的生活，仍然汇入按照季节冬穿棉夏穿单地循环于生死病老的生命周期中，季节划分的年是最基本的生命单元，生老病死是最显著的生命循环，日复一日，生的目的就是“吃饭穿衣”。第六节则是深入到大街两侧的小胡同里，叙述居民们的日常生活场景，胡同口的小铺和小摊子，破旧寒碜的民居草房与居民们简陋的伙食，不时出现的小贩和吆喝声呼唤出关着门过冷清日子的居民，探头问价了解行情，间或有人走出家门看货色而很少能成交。镜头由外向里一路跟进，铺垫出这一节最长的一个叙事段落：带着五个孩子的女人买麻花，一波三折，与由此引起的围观哄笑是戏剧的效果，最终以有形无名的女人要无赖占了点小便宜而落幕。小贩继续交易被一群脏手摸过的麻花的情节，和瘟猪肉的语义勾连，表现出不讲卫生是生活中的常态。第七节重返前一节的外景，以小贩的市声记录一天的生活节奏，晚饭买豆腐的情节则在夹叙夹议中，表现居民们生活的窘困，仍然是无名的群众场面。火烧云是第一章叙事的高潮，镜头在天空与人世之间频繁切换，睡去的孩子和逐渐暗淡的天空表示一天的结束，杂语平息下去之后，画外的童谣却响了起来，主语重复的祈祷句式，呼应着夏秋之夜大群乌鸦飞过县城的空镜头，小城呼兰沉入了黑暗的荒野。第九节是对比季节物象更深广的宇宙的展示，大昴星引出天河、月亮，飞行的蝙蝠和蛤蟆的叫声、秋虫的鸣响，永恒的天光与天籁使沉睡的小城渺小得近于消失。第九节的叙述是对前八节的归纳与强调，其中特意提到与第一节中药铺相关的贴膏药的方式，锁定在小城民众顺应季节日复一日、年复一年，一代又一代，在风霜雨雪中生老病死循环的困苦人生主题。一大段叙述几乎是无声的画面，只有响彻胡同的捣衣声突出了女性的特殊生存。其中穿插着“冬天下雪了”的提示，衔接起开篇严冬旷野的空镜头，将主题再次深化到小民顺应季节、臣服于自然的卑微生存中。

这一章纪录片式的叙事，除去用于强调主题的最后一节，基本呈现出时空同体的宇宙观，从冬天的早晨开始结束于夏秋的夜晚，从冰冻的大地开始结束于天籁中的荒野，正好是日月运行的一个大周期，也是生命周期的基本时间单元，胡同里居民一天的生活流程则是一个日月运行的小周期。大量的空镜头展示的宇宙自然景观，衬托着衰败的人文空间，连续杂语的群众场面传达出集体的精神状态，夹叙夹议的手法在时空同体的形式中，昭示着无望的生存与人生价值的虚无，只有画外孩子的歌谣和作为吉祥鸟的乌鸦叫声，寄托着祈福的语义。萧红看似不经意的散文笔法，却呈现出博大精巧的结构布局，在无限伸展的大宇宙系统中，以年与日为单位，在大周期中套着小周期，以时空同体的运转容纳卑微生命的渺小存在，只有电影镜头推拉摇移等形式技巧可以达到这样不露痕迹的自由境界。

这只是两个比较典型的例子，萧红一开始的创作就充满了丰富的画面感，视听效果极其明显，而且她对于意象的运用也经常借助剪辑的手法，几乎就是本雅明所谓的“意象蒙太奇”，因此被有些评家归纳为意识流的手法，带来了特殊的诗化效果。镜头感和声画的运用是她小说散文化的外部形式特征，即不以故事叙事为重心，而是以复杂的音画效果传达主题。意象蒙太奇的大量运用则闪现着她作品诗文的灵魂，与古典诗歌的意象表意功能相通，只是叙事性更强，两者都和她对电影艺术表现手法的娴熟运用有着密切的关联。当然她对电影形式的借鉴不是孤立的，是和她的诗文修养、美术研习，以及话剧等诸种艺术实践水乳交融之后，已经内化为不可分割的心灵形式。就像所有的电影工作者不可能不借鉴其他艺术门类一样，电影作为后起的艺术形式，在充分发挥现代科技成果的同时，也靠汲取人类有史以来所有的艺术精华提升着自己的文化品位。

萧红无疑是幸运的，传统和现代在冲突中交汇于她所处的时代，她以宗教式的精神为艺术献身，广泛汲取中外艺术的精华，而对最新艺术形式电影的深度揣摩则是她顺利完成汉语写作现代转型的重要环节。她作品形式的自然常常引来“无迹可寻”的惊叹，而充分借鉴电影镜头的自由表现形式，不断创造出不拘成法的叙事方式，则是“羚羊挂角”的奥秘所在。